湖北省石首长江公路大桥养护指南

湖北交通投资集团有限公司
湖北石首长江公路大桥有限公司 主编

人民交通出版社股份有限公司

北 京

内 容 提 要

本书对湖北省石首长江公路大桥管理养护工作进行梳理总结，共12章。主要内容包括：总则、桥梁概况、养护管理体系、桥梁常见病害、桥梁日常管理、桥梁检查、运营期桥梁健康与安全监测系统、桥梁检测项目的编码、内容、方法及周期、桥梁技术状况主要评价指标及评定、桥梁结构的养护维修、抗洪能力评估、养护维修工作常用设备与仪器。

本书可供从事公路桥梁养护管理工作人员使用，也可作为大专院校相关专业的辅导用书。

图书在版编目(CIP)数据

湖北省石首长江公路大桥养护指南／湖北交通投资集团有限公司，湖北石首长江公路大桥有限公司主编. —北京：人民交通出版社股份有限公司，2022.7
ISBN 978-7-114-17291-5

Ⅰ.①湖… Ⅱ.①湖…②湖… Ⅲ.①公路桥—桥梁工程—公路养护—湖北—指南 Ⅳ.①U448.14-62

中国版本图书馆 CIP 数据核字(2021)第 091316 号

Hubei Sheng Shishou Changjiang Gonglu Daqiao Yanghu Zhinan

书　　名：	湖北省石首长江公路大桥养护指南
著 作 者：	湖北交通投资集团有限公司
	湖北石首长江公路大桥有限公司
责任编辑：	赵瑞琴　齐黄柏盈
责任校对：	孙国靖　扈　婕
责任印制：	刘高彤
出版发行：	人民交通出版社股份有限公司
地　　址：	(100011)北京市朝阳区安定门外外馆斜街3号
网　　址：	http://www.ccpcl.com.cn
销售电话：	(010)59757973
总 经 销：	人民交通出版社股份有限公司发行部
经　　销：	各地新华书店
印　　刷：	中国电影出版社印刷厂
开　　本：	889×1194　1/16
印　　张：	9.25
字　　数：	262千
版　　次：	2022年7月　第1版
印　　次：	2022年7月　第1次印刷
书　　号：	ISBN 978-7-114-17291-5
定　　价：	48.00元

(有印刷、装订质量问题的图书由本公司负责调换)

《湖北省石首长江公路大桥养护指南》编辑委员会

主　　编：裴炳志　孙柏林

副 主 编：刘盛智　刘明虎　张家元

参　　编：丁望星　彭文渊　刘春成　孙文成　吕香华
　　　　　　张家元　李　扬　江胜文　谢　东　涂　浩
　　　　　　金　耀　朱文杰　岳　仲　刘德清　徐　翔
　　　　　　王泽豪　陈志涛

前 言
Preface

湖北省石首长江公路大桥位于石首市境内的"九曲回肠"下荆江之首,是国道 G234(河北兴隆—广东阳江)和湖北省"九纵五横三环"高速公路网的纵五线枣阳至石首(枣石)高速公路(S53)跨越长江的控制性工程。

项目起于江陵县普济镇,在石首市高基庙镇设置互通与岳阳至宜昌高速公路相连。项目于 2015 年 12 月 18 日正式开工,2019 年 9 月 28 日建成通车。项目批复概算 75.21 亿元,是湖北交通投资集团首座采用"BOT + EPC"❶投资建设模式的长江大桥项目。项目建成后,将在江汉平原、洞庭湖平原腹地形成一条南北向快速通道,对于优化湖北省高速公路网和过江通道布局,实施"两圈一带"战略,促进两湖平原经济协作与交流,带动石首、江陵等市县及长江两岸经济社会发展,完善石首组合港的集疏运体系,提高长江中游地区防洪减灾能力等都具有十分重要的意义。

石首长江公路大桥为主跨 820m 双塔不对称混合梁斜拉桥,南北两岸依次接南北引桥和接线工程,全长 39.723km,其中长江大桥总长 10.454km。大桥主体工程由湖北省交通规划设计院和中交公路规划设计院有限公司联合设计。参加施工的主要单位:中交第二公路工程局有限公司、中国铁建大桥工程局有限公司、湖北长江路桥股份有限公司、中国葛洲坝集团股份有限公司等。监理单位:湖北高路公路工程监理咨询有限公司、武汉桥梁建筑工程监理有限公司等。

为了加强大桥养护维修的技术管理工作,保障桥梁安全运营,提高桥梁养护技术和服务水平,延长桥梁使用寿命,特编制本指南。通过编制本指南,达到以下目的:

(1)以"预防为主、安全至上"为方针,治理桥梁存在的病害和隐患,提高桥梁抗灾能力,延长使用寿命。

(2)维护桥梁设施,保持桥梁及其设施的良好状态,及时发现并修复受损部件,保证行车安全畅通。

---

❶ BOT(Build-Operate-Transfer),即建设-经营-转让。
　EPC(Engineering Procurement Construction),即工程总承包。

（3）收集养护管理资料，为大桥运营管理提供依据。

本书遵循全面性、实用性、先进性、可操作性的原则，参考《公路桥涵养护规范》（JTG 5120—2021）、《公路桥梁技术状况评定标准》（JTG/T H21—2011）相关标准和要求，结合石首长江公路大桥的技术特点编写。

对于书中不妥之处，恳请各位读者提出宝贵意见。

编 者

2021 年 11 月

目　　录
Contents

第 1 章　总则 ·· 1
  1.1　目的 ·· 1
  1.2　养护适用范围 ·· 1
  1.3　养护工作内容 ·· 1
  1.4　养护工作流程 ·· 1
  1.5　养护工作基本要求 ··· 3
第 2 章　桥梁概况 ··· 4
  2.1　地理位置 ··· 4
  2.2　工程概况 ··· 4
  2.3　自然条件 ··· 4
  2.4　主要技术标准 ·· 9
  2.5　工程描述 ··· 9
第 3 章　养护管理体系 ··· 14
  3.1　养护管理机构设置 ··· 14
  3.2　桥梁养护管理职责 ··· 14
  3.3　桥梁养护实施单位工作内容 ·· 15
  3.4　桥梁养护工作 ·· 16
第 4 章　桥梁常见病害 ··· 18
  4.1　斜拉桥常见病害 ··· 18
  4.2　梁式桥常见病害 ··· 21
第 5 章　桥梁日常管理 ··· 24
  5.1　日常作业 ·· 24
  5.2　通行保障管理 ·· 24
  5.3　船舶通航管理 ·· 25

5.4	桥梁测量控制网管理	26
5.5	桥梁技术档案管理	27
5.6	安全管理	28
5.7	应急管理	28
5.8	安全事故责任追究	29

第6章 桥梁检查

6.1	经常检查	31
6.2	定期检查	34
6.3	特殊检查	39

第7章 运营期桥梁健康与安全监测系统

7.1	桥梁健康监测的目的及意义	42
7.2	石首长江公路大桥结构健康监测系统简介	42
7.3	桥梁健康监测系统组成	42
7.4	桥梁健康监测系统常规检查及维护操作	44
7.5	桥梁健康监测系统日常检查及维护操作	46
7.6	电子化人工巡检	47

第8章 桥梁检测项目的编码、内容、方法及周期

8.1	桥梁检测项目编制说明	52
8.2	桥梁检测工作大纲	53

第9章 桥梁技术状况主要评价指标及评定

9.1	桥梁技术状况主要评价指标	71
9.2	桥梁技术状况评定	72
9.3	桥梁承载能力鉴定	74

第10章 桥梁结构的养护维修

10.1	主桥养护维修	80
10.2	梁式桥日常维护	104

第11章 抗洪能力评估

11.1	桥址防洪设施概况	108
11.2	防洪设施监测	108
11.3	抗洪能力的评定	110
11.4	水毁及其防治	110

第12章 养护维修工作常用设备与仪器 ··· 112
12.1 养护工作专用设备 ··· 112
12.2 养护工作常用的仪器仪表 ··· 112
12.3 养护注意事项 ··· 113
12.4 养护设备更新及报废 ··· 113

附表 ··· 114
附表1 桥梁基本状况卡片 ··· 114
附表2 桥梁日巡检查记录表 ··· 116
附表3 桥梁经常检查记录表 ··· 117
附表4 维修维护项目申报单 ··· 118
附表5 伸缩装置定期检查记录表 ··· 119
附表6 支座定期检查记录表 ··· 120
附表7 主塔定期检查记录表 ··· 121
附表8 主梁定期检查记录表 ··· 122
附表9 典型裂缝监测表 ··· 123
附表10 上锚头定期检查记录表 ··· 124
附表11 下锚头桥面以上部分定期检查记录表 ··· 125
附表12 下锚头桥面以下部分定期检查记录表 ··· 126
附表13 外置式阻尼器定期检查记录表 ··· 127
附表14 斜拉索定期检查记录表 ··· 128
附表15 墩身定期检查记录表 ··· 129
附表16 墩台沉降定期检查记录表 ··· 130
附表17 桥梁定期检查记录表 ··· 131
附表18 桥墩(台)水平位移和倾斜度定期检查表 ··· 133
附表19 护岸工程定期检查记录表 ··· 134
附表20 水位观测记录表 ··· 135
附表21 各汽车代表车型和车辆折减系数 ··· 136
附表22 石首长江公路大桥过桥车辆原始记录表 ··· 136

参考文献 ··· 137

第 1 章 总 则

1.1 目的

为了加强湖北省石首长江公路大桥养护管理工作，使桥梁处于正常使用状态，保证行车畅通、安全，特制定本指南。

1.2 养护适用范围

石首长江公路大桥主线桥梁长度为10450m，桥面宽度33.5m（不含布索区），为双向六车道高速公路桥梁。为便于养护管理，根据上部结构类型，全桥共划分4个养护分部，即北引桥、主桥、南滩桥、南引桥。每个养护分部应有完备的"桥梁基本状况卡片"（附表1）。

1.3 养护工作内容

按照《公路桥涵养护规范》（JTG 5120—2021），桥梁结构的养护工作主要包括对桥梁的检查、技术状况评定、维修加固3个方面。同时考虑到桥梁良好的日常使用管理工作，对于保证桥梁一直处于正常运营状态，并有条不紊地进行各种养护维修工作是十分重要的，因此本指南也把其列入桥梁养护工作的一个重要方面。

桥梁养护工作主要包括：
(1) 桥梁运营过程中的日常管理工作；
(2) 对桥梁结构进行经常保养、维修；
(3) 对桥梁结构进行技术检查与检验；
(4) 桥梁技术状况进行分类评定，制定相应的维修方案；
(5) 建立和健全桥梁技术档案。

1.4 养护工作流程

1) 养护技术流程（见图1-1）
2) 桥梁检查

加强对桥梁构造物的检查，能系统掌握桥梁的技术状况，及时发现缺损和相关环境的变化及可能导致桥梁损坏的原因，从而有针对性地采用先进技术对桥梁进行保养、维修和加固工作。桥梁检查分为经常检查、定期检查和特殊检查。

(1) 经常检查：主要对桥面设施和桥梁附属构造物的技术状况进行检查（做好巡视检查记录，填写经常检查记录表），及时发现缺损，进行小修保养工作。

(2)定期检查:按规定周期及项目对桥梁主体结构及附属构造物进行定期跟踪、全面检查。主要检查各部件的功能是否完善有效,构造是否合理耐用,发现需要大、中修,改善或限制交通的桥梁缺损情况,同时检查小修保养情况。

(3)特殊检查:包括应急检查和专门检查。特殊检查应委托有相应资质和能力的单位承担。

①应急检查:当桥面遭遇交通事故或其他意外事故等,桥梁遭受地震、风灾、漂浮物或船舶撞击,因载有危险品的车辆自行通过所造成损害后,应进行应急检查。查明破损状况,采取应急措施,尽快恢复交通。

②专门检查:对需要进一步判明损坏原因、缺损程度或使用功能的部位,要针对病害进行专门的现场试验、检测、检算与分析等鉴定工作,以便采取有效的养护措施。

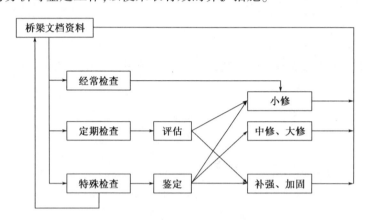

图1-1 养护技术流程图

3)桥梁技术状况评定

桥梁技术状况评定,是桥梁维修养护及管理工作的重要组成部分。通过各种检查获得有关情况和数据,对桥梁部件和总体的耐久性状况、承载力状况和行车状况等进行定性和定量评定,以便采取处置对策。

4)养护工程

根据《交通运输部关于印发〈公路养护工程管理办法〉的通知》(交公路发〔2018〕33号)中规定,养护工程按照养护目的及养护对象,大桥养护分为预防养护、修复养护(大、中、小修)、专项养护、应急养护四类。各类养护工程包括下列内容。

(1)预防养护:对桥梁整体性能良好但有轻微病害,为延缓性能过快衰减、延长使用寿命而预先采取的主动防护工程。

(2)修复养护:是指公路出现明显病害或部分丧失服务功能,为恢复技术状况而进行的功能性、结构性修复或定期更换,包括大、中、小修。

①大修工程:对桥梁及其附属构造物的较大损坏进行周期性的综合修理,以全面恢复到原设计标准的技术状况,或在原技术等级范围内进行局部改善和个别增建,以逐步提高其通行能力。它通常根据上级批准的年度计划和工程预算来组织实施。

②中修工程:对桥梁及附属设施一般性磨损和局部损坏进行定期的修理加固,以恢复原状。

③小修保养工程:略。

(3)专项养护:为恢复、保持或提升公路服务功能而集中实施的完善增设、加固改造、拆除重建、灾后恢复等工程。

(4)应急养护:在突发情况下造成公路损坏、中断、产生重大安全隐患等,为较快恢复公路安全通行能力而实施的应急性抢通、保通、抢修。

对技术状况为一、二类的桥梁应加强小修保养,防止出现明显病害。

对技术状况为三类的桥梁应及时进行中修,防止病害加快扩展,影响桥梁安全运营。

对技术状况为四类和五类的桥梁,应及时采取管理措施,保证安全。并依据桥梁特殊检查结果和技术论证分析,安排大修或改建。

1.5 养护工作基本要求

(1)桥梁养护工作应贯彻"预防为主,安全至上"的工作方针,以桥梁结构安全为中心、关键部件为重点加强全面养护。

(2)应加强桥梁日常巡查。桥梁日常巡查是桥梁日常工作的重要内容之一,应予以充分重视,发现隐患或病害应及时处置。

(3)建立桥梁养护工程师制度,加强对桥梁的检查、维护和改善工作。积极开展有针对性的应用科学研究,通过四新技术的应用,解决工程养护与管理手段方面的技术难题。

(4)维修养护作业应遵照《公路养护安全作业规程》(JTG H30—2015)中相关条款的规定进行,保障车辆及人员的安全通行及环境保护。

(5)通过招投标,逐步实现养护工程的市场化、专业化。

(6)推广运用养护机械化、智能化、信息化,积极引进先进的养护机械,运用信息化手段,提高养护生产效率和科学含量,降低劳动强度,改善劳动环境,保障养护质量。

(7)建立桥梁维修养护档案,在维修养护过程中应做好原始记录,为桥梁维修养护和安全评估提供依据。

(8)应用桥梁健康监测系统和养护管理信息系统,实行病害监控,实现决策科学化。

第 2 章 桥 梁 概 况

2.1 地理位置

石首长江公路大桥位于湖北省石首市境内、"九曲回肠"下荆江之首，北岸为湖北省石首市大垸镇，南岸为石首市东升镇，是国道G234（河北兴隆—广东阳江）和湖北省"九纵五横三环"高速公路网的纵五线枣阳至石首高速公路跨越长江的控制性工程。

2.2 工程概况

石首长江公路大桥长度为10450m，桥型布置见图2-1，工程建设规模见表2-1。大桥采用双向六车道高速公路标准建设，桥梁有效宽度33.5m。

南滩桥桥型布置如图2-2所示。

桥梁工程规模一览表　　　　　　　　　　　　　　　　　　　表2-1

项　目	桥跨布置	桥梁长度(m)
主桥形式	双塔双索面单侧混合梁斜拉桥	主跨820
主桥	(75m+75m+75m)+820m+(300m+100m)	1445
北引桥	19×30m+45m+80m+45m+78×40m(小箱梁/变截面连续箱梁)	3860
南滩桥	5×50m+5×50m+5×50m+(50+80+50)m	930
南引桥	13×40m+47.5m+80m+47.5m+88×40m(小箱梁/变截面连续箱梁)	4215
桥梁全长		10450

2.3 自然条件

1）气象

项目所在区域属于亚热带季风气候区，四季分明，光能充足、热量丰富、无霜期长。年平均降水量为1099~1230mm，自西北向东南逐渐增多。4~10月降水量占全年总降水量的74.5%，雨热同季，全年积温较高，无霜期长，年平均气温15.9~16.6℃，西南部偏高，东北部较低，7月平均气温29.2℃，1月平均气温3.9℃。极端最高气温38.6℃，极端最低气温为-14.9℃。全市太阳年辐射总量为$4.35×10^5$~$4.60×10^5 J/cm^2$，年日照时数1800~2000h，年无霜期242~263d，太阳辐射量占全年75%，≥10℃的积温为全年80%。

第2章 桥梁概况

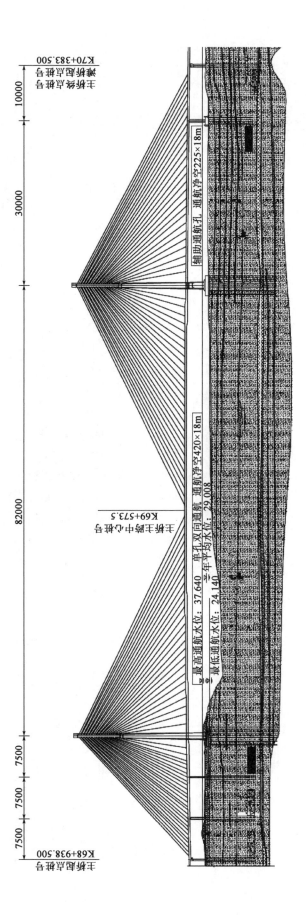

图2-1 主桥桥型布置示意图（尺寸单位：cm；高程单位：m）

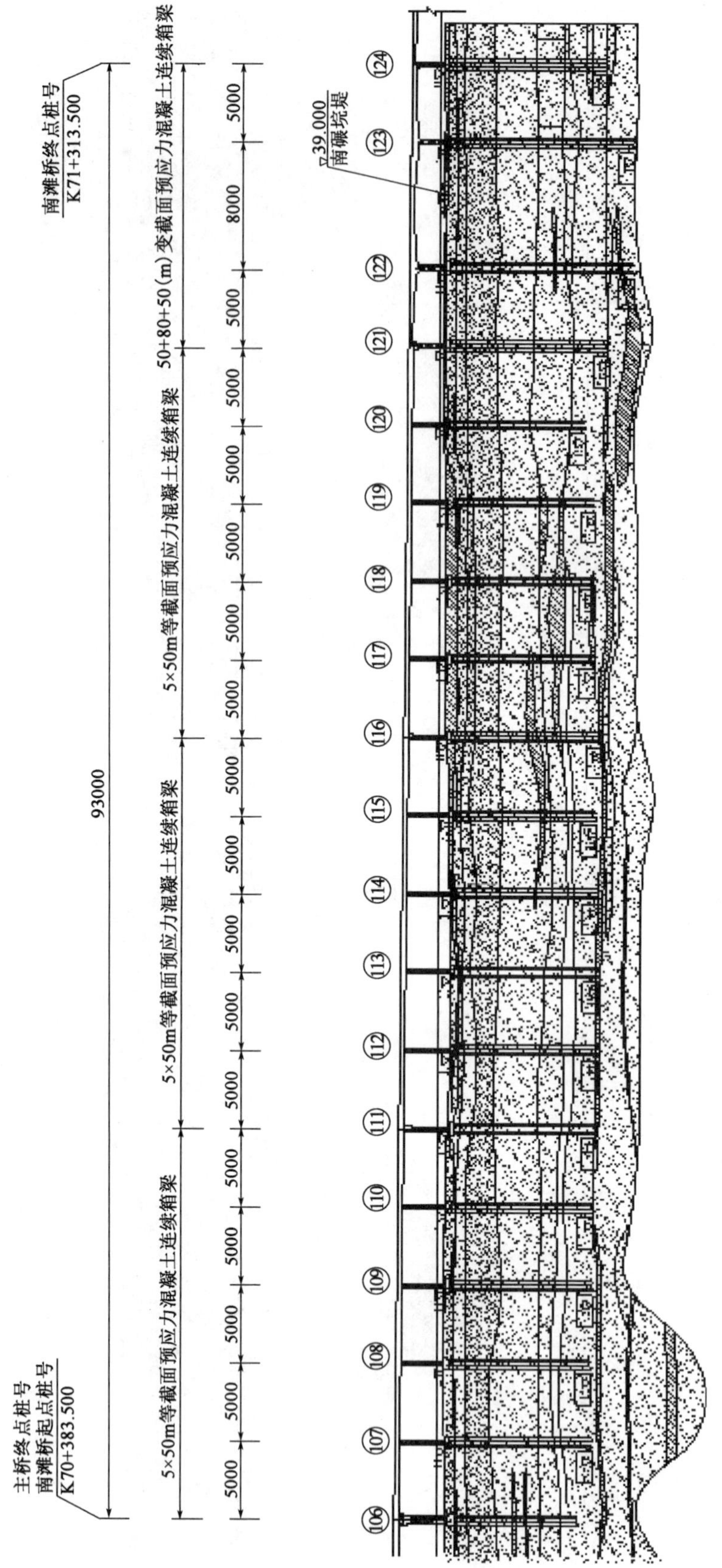

图2-2 南滩桥桥型布置示意图（尺寸单位：cm）

2)河道及通航

石首长江公路大桥位于长江中下游南北碾子湾段长江及其两岸,场地地貌单元属于长江河床及漫滩,两岸地形总体较平坦,按其地貌特点将桥位区分为三区:北岸漫滩(Ⅰ区)、长江河床(Ⅱ区)、南岸漫滩(Ⅲ区)。长江北岸场地多为杨树林,地势平缓,地面高程一般为33.6~35.2m。桥位中段为长江河床,勘察期间水面宽约1100m,靠北岸约有320m宽的深水区,为长江主航道,呈V形,最低高程约6m,两侧高程约22m,最大坡度达30%,北岸护坡上为混凝土块的软体排,并抛填有大量块石;中南部河床为浅水区,地形较平缓,江底高程一般22.5~26.7m,总体向北岸倾斜,坡度约0.58%。长江南岸场地为漫滩,地面高程一般32~35m,总体地势平缓,由南向北倾斜,坡度约0.56%。

万里长江,险在荆江,藕池至城陵矶河段称为下荆江,总长170km,属于典型的蜿蜒型河道,素有"九曲回肠"之称。

石首河段位于长江中游下荆江之首,地处湖北省石首市境内,上起茅林口,下讫南碾子湾,全长31km。该河段平面形态较为复杂,按河势可分为3段:上段长江自北向南流;中段为石首弯道,呈"鹅头形"急弯,右岸有藕池口,是长江分流入洞庭湖的重要口门之一;下段长江走向自西向东,河道微弯。河段左岸干堤为荆江大堤,其外有合作垸、人民大垸、北碾垸等民垸;右岸为石首城区和广大农田,有荆南长江干堤保护。石首长江公路大桥位于石首河湾段的下段——南碾子湾处。

3)水文

枝城水文站、沙市水文站、石首水文站位于桥位上游,桥位距以上3站的距离分别为193.5km、105.8km、11.8km,监利水文站位于拟建桥位下游50.2km处。大桥水文分析报告以枝城站、石首站为主要设计依据站,用实测水位流量资料与防洪规划拟定的水位流量关系进行比较,推求了桥位处的设计洪水流量、水位。石首长江公路大桥桥位处的设计洪峰流量由三峡水库正常运行后的枝城站设计洪峰流量扣除荆南三河的分流得到,设计洪水位依据石首站设计洪水位(频率计算)成果,采用高水位水面比降进行推算,成果见表2-2。

石首长江公路大桥桥位设计洪水成果表(85基准)　　　　表2-2

频率(%)	0.33	1	5	10
设计洪峰流量(m^3/s)	49800	45300	45300	45300
设计洪水位(m)	38.05	37.78	37.78	37.78

石首长江公路大桥南、北引桥分别跨越南碾垸和北碾垸两个地方民垸。根据本项目水文专题研究报告,桥位处设计水位低于垸堤堤顶高程,该区的设计水位按垸堤堤顶高程进行控制。南碾垸堤顶高程为39.0m,北碾垸堤顶高程为39.3m。

4)地质条件

(1)场地稳定性及建设适宜性评价

工程场区未发现有全新世活动断裂发育的迹象;桥位附近的3条断裂均为前第四纪或早~中更新世活动断裂,且断裂大部分被第四系覆盖,可不考虑断裂错动对地面建筑的影响,对本桥位基本无影响,本次物探在桥址区也未探测出断裂迹象,因此场地区域稳定性较好,适宜拟建桥梁的建设。

(2)工程地质层评价

地层主要为第四系松散沉积物,主要分为10大层,均为第四系地层:①层粉质黏土分布于两岸陆域表层,厚度不均,工程地质性能较差;②层稍密状粉土分布于北岸,厚度小,工程地质性能较差;③层松散状粉细砂多为可液化土,工程地质性能差;④层稍密状粉细砂局部为可液化土层,工程地质性能差;⑤~⑥层中密~密实状粉细砂,埋深一般在35m以浅,工程地质性能一般(拟建桥梁为特大桥,上部荷载大,上述①~⑥层均不宜作为桩基持力层);⑦层密实状粉细砂,厚度大,分布稳定,南岸上部多夹有卵砾石层,工程地质性能较好,可作为主塔外其他桥墩的桩基持力层;⑧层以⑧$_3$层密实状粉细砂为主,夹有卵砾石及黏土层,工程地质条件较好,⑧$_3$层密实状粉细砂可作为塔、墩的桩基持力层;⑨层硬塑状黏土,厚度小,分布不连续,工程地质性能一般,不宜作为桩端持力层;⑩层密实状细砂,厚度大、分布广,是良好的桩基持力层,可作为主塔桩基持力层。

(3)长江大桥北塔墩地质评价

该塔中心桩号为 K69+163,中心位于长江北岸岸坡半坡上,坡上地面较平坦,地面高程一般为 35.29～35.78m。该位置上部7.5m 左右地层为黏土、粉土,其下以灰黄、青灰色粉细砂为主,粉细砂中间夹有黏土层,厚度均小于2.3m。在塔的西南部孔深104～106.5m 段见有厚度小于2.5m 的密实状卵砾石层。

从北塔4个钻孔揭露的地层来看,地表25.2～30.0m 以深即为密实状粉细砂,桩基持力层可选择⑩层或⑧$_3$层密实状粉细砂,但由于砂层中夹有黏土层,桩端宜避开黏土夹层。

(4)长江大桥南塔墩地质评价

该塔中心桩号为 K69+983,位于长江水域南浅滩,距南岸约325m。该处地势平坦,地面高程22.4～23.60m,地表下即为粉细砂;粉细砂中间夹多层黏土层,多集中在深度23～60m、88～120m 两段;在深度91.8～99.5m 段夹有卵砾石层,厚度3.8～5.8m,密实状。

3个钻孔揭露的地层表明:地表25.1～26.2m 以深为密实状粉细砂,但上部黏土夹层相对较多,桩基持力层可选择⑩层或⑧$_3$层密实状粉细砂,桩端位置可根据设计荷载确定。⑧$_1$层卵石层厚度3.8～5.8m,若作为持力层需进行计算。

5)水文地质

(1)地表水

区域内地表水系主要有长江及灌溉渠,区内雨量充沛,水系发育,水资源较为丰富,水质较好,可满足建设需要。

(2)地下水

根据区内地层岩性组合及地下水的赋存条件,路线区地下水类型可分为上层滞水、松散岩类孔隙潜水,沿线地下水水质均较好,多为中性软～微硬淡水。

①上层滞水。

主要赋存于沟渠与自然河流上部素填土及耕植土中,下部的黏性土层为其相对隔水层,接受大气降水的补给,通过毛细作用运移到地表蒸发排泄,水量大小随季节变化明显。

②松散岩类孔隙水。

主要分布于自然河流的一级阶地前缘及河漫滩、心滩或一级阶地上等狭长地带。孔隙潜水含水层全部由第四系黏性土、砂砾石、卵石层组成,水位很浅,一般多在0.5m 以内;结构松散,透水性强,主要接受大气降水、地表水体、田间灌溉回归及相邻含水层的补给。主要排泄方式是向河流和下游相邻含水层排泄、人工开采排泄和蒸发排泄等,当砂层中间夹有较厚的黏性土层时,黏性土层之下的砂层中赋存的地下水多具有承压性(属于承压水)。水化学类型为 $HCO_3—Ca·Mg$ 和 $HCO_3·SO_4—Ca·Mg$ 型。

(3)地下水特征

①区内地下水露头零散,流量小,动态明显具季节性变化。

②区内第四系松散岩类孔隙潜水,接受大气降水和地表水的补给,水量较丰富。

③项目区水文地质条件比较简单,地下水与沟塘、河流等地表水体具有较强的互补性。

④根据水质分析试验、区域水文地质资料,江水、地下水对混凝土结构及钢筋混凝土结构中的钢筋均具有微腐蚀性。

6)地震

本项目地震基本烈度为Ⅵ度,地震动反应谱特征周期为0.35s。通过地震危险性概率分析,工程场地基岩水平向峰值加速度见表2-3。本项目50 年内超越概率为10% 的基岩水平峰值加速度为 $56.6cm/s^2(0.0566g)$。

工程场地基岩水平向峰值加速度　　　　表 2-3

超越概率	50 年				
	63.2%	10%	5%	2%	1%
峰值加速度(cm/s²)	18.9	56.6	74.6	105.1	134.0

2.4 主要技术标准

(1)公路等级:高速公路。
(2)设计速度:100km/h。
(3)桥面宽度:33.5m(主桥不含布索区)。其中,行车道宽度 3×3.75m,中央分隔带 1.0m,紧急停车带宽度 3.75m。
(4)主要荷载标准:
①汽车荷载等级:公路—Ⅰ级。
②设计风速:基本风速 $v_{10}=23.9\text{m/s}$。
③设计温度:基准温度 15℃,最高温度 38.6℃,最低温度 -14.9℃。
④船舶撞击力:南、北主墩顺水流方向设计防撞力 28MN、16MN。
⑤通航水位:设计最高通航水位为 37.64m(重现期 20 年),设计最低通航水位为 24.14m(98% 保证率)。
⑥通航净高:通航净空高度不小于 18m。通航净宽:单孔单向通航净宽≥225m,单孔双向通航净宽≥420m。
⑦设计最高洪水位:38.05m(重现期 300 年)。
⑧设计洪水频率:跨江大桥,1/300;其他桥梁、涵洞、路基,1/100。
⑨桥面最大纵坡:1.626%。
⑩桥面横坡:双向 2%。

2.5 工程描述

2.5.1 主桥

2.5.1.1 主桥概况

主桥采用主跨 820m 双塔双索面单侧混合梁斜拉桥方案,半漂浮结构体系,扇形布置双索面,跨度组合为(75+75+75)m+820m+(300+100)m。其中,北边跨位于高滩上,总跨度为 225m,设 2 个辅助墩和 1 个过渡墩;南边跨、南次边跨均位于水中,总跨度为 400m,设 1 个辅助墩和 1 个过渡墩。主桥南、北段桥面纵坡分别采用 1.030% 和 1.626% 的较小纵坡。

2.5.1.2 主桥主要建筑材料

1)混凝土
(1)主桥主塔、箱梁主体结构分别采用 C50 和 C55 混凝土;
(2)塔座、墩身采用 C40 混凝土;
(3)承台采用 C40 混凝土;
(4)桩基采用 C35 水下混凝土;
(5)支座垫石采用 C50 小石子混凝土;

(6)钢—混凝土结合段钢格室填充材料采用活性粉末混凝土(RPC),技术参数应满足《活性粉末混凝土》(GB/T 31387—2015)的规定。

2)预应力材料

(1)主塔、北边跨箱梁体内预应力

①主梁横向预应力采用高强低松弛钢绞线,其公称直径 $\phi^s15.2mm$;标准抗拉强度 $f_{pk}=1860MPa$,张拉控制应力为1395MPa,弹性模量 $E_s=1.95\times10^5MPa$。

②纵向体内预应力接长束和腹板竖向预应力采用 $\phi50mm$ 预应力高强钢棒,连续滚压全螺纹,标准抗拉强度 $f_{pk}=830MPa$,锚下张拉控制力为1467kN。

③锚垫板、锚头、夹片、锚下螺旋筋、压浆管及排气管等分别采用与锚具规格相应的成套产品。

④钢绞线预应力管道采用镀锌金属波纹管。

(2)北边跨箱梁体外预应力

①箱梁体外预应力体系由体外索、转向器、锚固系统、减振器及保护罩组成,钢束采用无黏结镀锌钢绞线。

②无黏结镀锌钢绞线公称直径 $\phi^s15.2mm$,标准抗拉强度 $f_{pk}=2000MPa$,张拉控制应力为1300MPa,弹性模量 $E_s=1.95\times10^5MPa$。

3)钢材

(1)钢箱梁主体结构材质采用Q345qD,风嘴等附属结构采用Q235C,钢箱梁吊点、后锚点、检查车轨道、临时匹配件采用Q345D。

(2)风嘴U形集水槽采用"321+Q345qD"复合钢板,两层钢板厚度分别采用3mm、8mm。

(3)钢箱梁连接用高强度螺栓为10.9S。

(4)剪力钉材质采用ML15或ML15AL。

4)斜拉索

(1)斜拉索所用钢丝为 $\phi7mm$ 高强度、低松弛镀锌钢丝,采用锌-5%铝-混合稀土合金镀层,抗拉强度不少于1770MPa。

(2)护套聚氟乙烯(PVF)氟化膜保护胶带由总厚度 $124\mu m\pm5\mu m$ 的薄膜、胶黏剂及一层离型材料构成。

5)桥面系

(1)防撞护栏立柱、横梁、底座板、灯柱底座板、钢壳路缘石和交通设施预埋板等均采用Q345C钢。

(2)防撞护栏立柱、横梁连接用螺钉、螺柱采用奥氏体不锈钢316材料,配套螺母及垫圈采用奥氏体不锈钢304材料,强度均要求不低于10.9级。

(3)混凝土梁段集水槽采用"321+Q345qD"复合钢板,两层钢板厚分别采用3mm、8mm。

(4)主桥桥面检修道栏杆采用1Cr18Ni9/Q235-B不锈钢复合管。

2.5.1.3 主桥主要构件概述

1)主塔基础

主塔横桥向为倒Y形结构,南、北塔基础均为圆端矩形整体式承台,平面轮廓尺寸为67.5m×35.75m,一级承台厚7m,二级承台厚2.5m。承台下各设置58根 $\phi2.5m$ 的钻孔灌注桩,桩长119m,按摩擦桩设计。

2)主塔

(1)塔柱

南、北主塔高234m、232m,下横梁以上高198.5m,高跨比0.242。南塔下塔柱比北塔下塔柱高2m,中、下塔柱横桥向内外侧高度每隔10m设置 $\phi160mm\times6.2mm$ 的聚氯乙烯管(PVC管)作为通风孔,所有的通风管由内朝外向下倾斜3°设置。

(2)下横梁

主塔横梁设在主梁下方,采用箱形断面,为预应力混凝土结构,高8m,顶宽11.558m,底宽11.783m,腹板、顶底板壁厚均为1m,在主梁支座处设2道壁厚1m的竖向隔板;横梁内布置预应力钢绞线,钢绞线锚下张拉控制应力采用$0.75R_y^b=1395MPa$,所有预应力锚固点均设在塔柱外侧,采用深埋锚工艺,预应力管道采用镀锌波纹管、真空压浆工艺。

(3)索、塔锚固

斜拉索在塔端的锚固方式包括混凝土锚固及钢锚梁锚固两种。第1~3对斜拉索由于与竖向角度较大,因此直接锚固在混凝土底座上;第4~26对斜拉索锚固在钢锚梁上,设置于上塔柱中,钢锚梁施工过程中一端固定、一端滑动,滑动端交错设置。对于4~26号钢锚梁,单号钢锚梁的摩擦副端设置在边跨侧,双号钢锚梁的摩擦副端设置在中跨侧。

南塔内23对拉索(编号为SJ04~SJ26、SA04~SA26),北塔内23对拉索(编号为NA04~NA26、NJ04~NJ26)采用钢锚梁形式锚固,其余拉索通过塔壁混凝土齿块锚固。

全桥共设置钢锚梁、牛腿46套,自下而上编号分别为4~26号;组成钢锚梁的主要构件有顺桥向拉板、锚垫板、锚下承压板、腹板、底板、端部承压板、加劲肋、工作平台等。其中,锚垫板和支承板是主要承压构件,顶板、腹板是顺桥向主要承拉构件,横向连接件是横桥向承拉构件。组成钢牛腿的主要构件有上承板、托架板、壁板、挡板、定位板、加劲肋、开孔钢板连接件(PBL剪力键)。

3)斜拉索

(1)斜拉索设计寿命为50年,并考虑其可更换性。斜拉索采用多防腐系统,包括钢丝采用锌-5%铝-混合稀土合金镀层、双层高密度聚乙烯护套保护层和护套表面缠包PVF氟化膜胶带,以保证斜拉索在其设计寿命期内免遭腐蚀。

(2)斜拉索减振措施。本桥采用阻尼器、气动措施并用的综合减振方案。

①气动措施。对斜拉索的表面进行表面螺旋线处理,使风、雨激振得到有效抑制。

②阻尼器。减振阻尼器包括内置式阻尼器(减振橡胶圈)和外置式阻尼器,外置式阻尼器类型采用杠杆质量减振器(LMD)。

(3)斜拉索锚具。

①本桥斜拉索两端均采用冷铸型锚具(均为张拉端),其设计寿命与斜拉索一致,不小于50年;锚具外表面防腐体系的防腐年限大于25年。

②斜拉索锚具由锚杯、锚板、连接筒、弯曲限制器、螺母、前后密封盖板及冷铸锚填料等组合而成。

(4)斜拉索内置式阻尼器。内置式阻尼器由减振橡胶圈、金属圈、钢楔块和螺栓等附件组成。

4)钢箱梁

主梁钢-混凝土结合面设于主跨距北主塔中心26.5m处,混凝土梁段总长为251.5m,钢箱梁段总长1193.5m。

(1)钢箱梁构造

钢箱梁由桥面顶板、底板、内腹板、外腹板、横隔板(横梁)、风嘴、索梁锚固构造等组成,钢箱梁以顶板上缘线、底板上缘线为基准的轮廓高为3.8m,全宽38.5m(包括2×2.5m锚索区和风嘴),至主塔区缩窄为35.98m。拉索横向间距35m。

(2)索梁锚固构造

采用锚箱式锚固方案,锚箱安装在主梁外腹板外侧,并与其焊接成一体。

(3)连接构造

为保证焊接质量,避免仰焊,提高抗疲劳能力,桥面板及其加劲肋采用栓-焊结合方式(面板焊接、顶板加劲肋栓接),其余均采用全焊连接方式。

(4)检修道及风嘴构造

风嘴不参与箱体受力,仅承受其自身重量、风荷载及检修人员荷载。

(5) 钢箱梁除湿系统

根据箱体特点,考虑到循环风系统的划分,以及今后设备维修的方便等因素,钢箱梁内预设6套除湿系统(中型),在分区控制的同时又可以应急互补,分别布置在大桥NZ15、SZ13、SB13钢箱梁段内,每个梁段内放置2套。

(6) 钢箱梁各部位防护涂装

钢箱梁的防腐设计采用长效防腐涂装方案,防腐年限要求如下:钢箱梁外表面及风嘴内外表面(不含行车道钢桥面)采用电弧喷涂方案,要求防腐年限大于30年;钢箱梁和风嘴内表面采用除湿系统+涂料涂装方案,要求防腐年限大于50年。

5) 主桥预应力混凝土箱梁

(1) 混凝土箱梁

混凝土箱梁采用分离式双箱结构。

(2) 主梁钢-混凝土结合段

主梁钢-混凝土结合面设置在中跨侧距北塔中心26.5m处;根据本桥跨度大、桥面宽、主梁轴力巨大的特点,结合段构造采用钢格室+PBL剪力键连接填充活性粉末混凝土(RPC)的设计。

6) 钢桥面铺装

钢箱梁行车道桥面板铺装下层为30mm环氧沥青混凝土EA10,铺装上层40mm高弹改性沥青SMA13,见表2-4。检修道采用环氧树脂防水黏结层+碎石撒布方案。

钢桥面铺装结构　　　　　　　　　　　　　　　　表2-4

铺装上层	高弹改性沥青SMA13	厚度40mm
	环氧树脂黏结剂	用量0.75~0.85kg/m²
铺装下层	环氧沥青混凝土EA10	厚度30mm
防水黏结层	环氧树脂黏结剂	用量0.45~0.55kg/m²
	环氧富锌防锈层	50~100μm
钢板	喷砂除锈	清洁度为Sa2.5级,粗糙度为50~100μm
总厚度	70mm	

7) 主塔混凝土外表面涂装

主桥主塔采用底涂层(改性环氧封闭底漆)+中间涂层(环氧树脂漆)+面涂层(四氟型氟碳面漆)的复合防护方案,防腐寿命为20年。

8) 桥面系

(1) 防撞护栏

桥面防撞护栏采用金属梁柱式护栏。桥梁边缘、中央防撞护栏等级分别为SS、SAm级。防撞护栏立柱采用钢板焊接成形,中央分隔带防撞护栏立柱高为1500mm,边缘防撞护栏立柱高为1500mm,标准间距为1.5m。

(2) 检修道栏杆

为确保大桥检修人员的安全,检修道外侧设置检修栏杆。立柱采用4mm厚的圆管,横梁采用ϕ60mm、壁厚4mm圆管,栏杆材质采用不锈钢/碳素钢复合管。

(3) 钢壳路缘石、泄水管和灯柱底座

钢箱梁检修道栏杆设置底座与主桥焊接;混凝土主梁检修道栏杆设置预埋板。钢主桥在中央分隔带及桥面两侧设置钢壳路缘石,路缘石高205mm。主桥混凝土箱梁部分的路缘石高230mm,引桥部分路缘石高255mm。

主桥桥面两侧每隔200mm设置一处310mm×240mm椭圆形集水槽,南边跨接入南滩桥集中排水管,北侧接入北边跨混凝土箱梁集水槽内。南滩桥、北引桥桥面两侧每隔5m设置一个直径为168mm

的泄水管,钢主桥泄水管在工厂与钢箱梁焊接;北边跨混凝土箱梁桥部分泄水管在箱梁施工时预埋好。

主桥及北边跨混凝土箱梁灯柱底座标准间距30m,南滩桥灯柱底座标准间距35m,钢桥面灯柱底座板在工厂焊接于钢箱梁顶板上;混凝土桥面灯柱底座与护栏立柱底座间隔布置。

9)主梁检修车

主桥钢箱梁有4台检修小车,它们根据主梁结构形式,采用悬挂吊车方案,即驱动机构通过钢轮倒置于工字钢轨道上,桁架通过门架与驱动机构相连,在电机的驱动下运行。桥梁检查车主要由桁架、门架、驱动机构和液压升降平台组成。桁架主要承受自重、检修人员和维护检查器具等荷载。

10)主梁阻尼器

北塔和南塔下横梁与钢箱梁、混凝土箱梁之间设置了电涡流阻尼器。每个主塔设置4个,共8个。纵向阻尼器设置于墩、梁之间,两端分别与桥墩、主梁相连接,在主塔下横梁顶面和主梁底面设置预埋件。

11)伸缩缝

主梁北端、南端伸缩缝的设计使用寿命为不小于20年。

2.5.2 南滩桥

1)结构概况

南滩桥全长930m,桥型布置为5×50m+5×50m+5×50m+(50+80+50)m,共18跨。其中,106~121号墩15孔为等截面预应力混凝土连续箱梁,121~124号墩一联为变截面连续预应力混凝土连续箱梁。桥平面位于直线上,南滩桥桥面总宽33.5m,中间设置1m的中央分隔带,设计为分离式双幅桥。箱梁顶面设有2%横坡,采用箱梁绕桥面设计高程点旋转形成,箱梁横断面中心线不垂直于大地,而且与墩中心线不在一条直线上。

2)下部结构

107~124号桥墩均采用了混凝土板式桥墩,横向两片墩分离,横桥向、顺桥向墩身宽2.5~3.0m。除121、122、124号墩采用2.0m钻孔灌注桩基础以外,其他采用1.8m钻孔灌注桩基础。在111、116、121、124号交界墩处设置了防雷接地设施。

3)上部结构

上部结构采用预应力混凝土变截面连续箱梁,在纵、横向配有预应力钢束。箱梁采用单箱单室截面,顶宽16.45m、底宽6.78m、梁高3m,两侧悬挑翼板悬臂长4.05m。中间墩墩顶设2m厚中横隔梁,过渡墩墩顶设1.6m厚端横隔梁。

4)支座布置

竖向支座采用双曲面球形减(隔)振支座,在109、114、119号墩顶设置SJQZ15GD钢支座,122号墩设置SJQZ25GD钢支座,其他墩设置SJQZ8DX、SJQZ8SX、SJQZ15DX、SJQZ15SX等8种不同类型活动球形钢支座。

2.5.3 南、北引桥

南引桥桥墩为124~228号桥墩,桥跨布置为13×40m+47.5m+80m+47.5m+88×40m,小箱梁/变截面连续箱梁;桥梁起讫点桩号K71+313.5~K75+528.5,长4215m。

北引桥桥墩为0~100号桥墩,桥跨布置为19×30m+45m+80m+45m+78×40m,小箱梁/变截面连续箱梁。位于0~100号桥墩间,桥梁起讫点桩号K65+78.5~K68+938.5,长3860m。

第3章 养护管理体系

3.1 养护管理机构设置

石首长江公路大桥规模大、形式多、结构复杂,养护工作量大,鉴于桥梁结构特殊复杂、养护技术性要求高,建议管养单位配置相对专业的技术性人才。

桥梁养护管理机构主要有桥梁运营管理单位、桥梁养护实施单位。养护机构组织结构如图3-1所示。

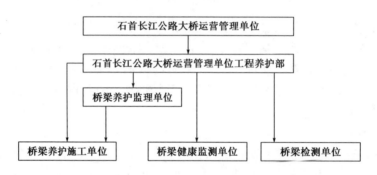

图3-1 养护机构组织结构

3.2 桥梁养护管理职责

1)桥梁养护管理单位职责

(1)制订石首长江公路大桥中、长期养护规划,并组织实施。

(2)组织编制、审核、调整大桥年度养护计划及预算。审核、抽查月度日常小修养护计划执行情况,并进行考核。

(3)组织桥梁养护招标、询价等工作。审查养护工程变更、单价与费用、计量支付和工程结算等资料,审查设计、监理、检测等费用。

(4)组织实施养护大、中修及专项养护工程,指导和监督其进度和质量管理,负责工程量核定和竣工验收。

(5)组织桥梁定期检查、健康监测、路面检测和路况调查,审定公路技术状况评定结果。

(6)负责大桥养护工程"新技术、新设备、新材料、新工艺"推广应用。

(7)负责大桥养护科研项目选题和申报,监督、指导养护计划的实施。

(8)定期组织对养护施工、监理单位的考核,抽查施工单位安全保证体系的运行。

(9)负责桥梁日常小修保养的管理工作,参与桥梁大、中修养护工程现场工作。

(10)督促养护相关单位加强桥梁日常巡查、经常性检查,参与和监督定期检查、健康监测、路面检测和路况调查。

（11）根据桥梁检查、桥梁健康监测资料提出维修计划，下达各类养护维修指令。

（12）参与桥梁维修养护工程的全过程管理，包括编制养护计划，调查核实养护设计方案，组织养护工程实施，督促现场监理工作，审核施工记录及交工资料，审核上报养护工程变更、计量支付和工程结算等资料，做好工程资料的归档工作。

（13）负责定期检查检测、健康监测、施工等养护实施单位的履约情况，检查各单位日常安全保障体系的运行，参与对各单位的考核。

（14）及时通报、协助各类突发性事件的处理，并准备相关的养护应急预案，并督促养护施工单位做好人员、物资、设备的应急准备工作。

（15）加强养护人员的技术培训，有计划地开展新技术、新工艺、新材料、新设备的推广应用工作。

2）监理单位主要职责

（1）督促养护施工单位建立质量保证、安全管理、环境保护体系，并保持持久有效运行。

（2）初步审核养护施工单位上报的年度、月度养护计划，审批养护施工单位的开工报告和施工组织设计。

（3）审查养护工程的工程变更、单价与费用计量支付和工程结算等资料。

（4）组织桥梁小修保养交工验收，参与桥梁养护大、中修和专项养护工程的交（竣）工验收。

（5）监督养护施工单位所开展的桥梁日常巡查工作，保证检查频率及范围。

（6）采取旁站、巡视、检查等方法，对养护工程的施工过程进行质量控制。

（7）参与对养护施工单位人员、设备履约检查和考核，对进场材料进行质量抽查。

（8）负责组织召开工地会议，负责养护施工现场的技术交底指导。

（9）配合养护施工单位完成应急抢险工作。

3.3 桥梁养护实施单位工作内容

1）桥梁检测单位

桥梁定期检查主要完成以下工作内容。

（1）现场校核桥梁基本数据：原桥梁基本状况卡由业主提供，检测单位应对桥梁基本状况卡的桥梁基本数据进行校核更新。

（2）按《公路桥涵养护规范》(JTG 5120—2021)规定填写桥梁定期检查记录表及桥梁评定指标检查评定表，详细记录各部件缺损情况，并根据《公路桥梁技术状况评定标准》(JTG/T H21—2011)的规定做出技术状况评分。

（3）实地判决缺损原因，确定维修范围和方式。

（4）对难以判断损坏原因和程度的部件，提出特殊检查要求。

（5）对损坏严重、危及安全运行的危桥，提出限制交通或改建的建议。

（6）根据桥梁技术状况，确定下次检查时间。

（7）对技术状况检查评定为三、四、五类桥梁，按照业主或监理工程师的指示在桥梁加固处治后重新进行检查评定。

2）桥梁健康监测单位

（1）对主桥索力、应变、振动、位移、变形、温度、车流等项目长期监测，对监测数据进行查询分析、预警报警。

（2）利用相关软件，实现桥梁健康评估、桥梁档案及数字化管养。

（3）根据系统采集的数据、其他监测系统及常规检查养护系统的信息，通过在线评估、离线评估，完成结构状况月度报告、年度报告、突发事件评估报告、预警报告等，以便对大桥的安全性、耐久性、使用性给出定性或定量的评判。

(4)利用健康与安全监测系统提供的平台进行设计验证方面的研究工作,能够分析桥梁在各种荷载长期作用下的静动力特性变化规律,通过管理应用系统实现结构安全主动控制。

(5)对系统数据进行24h远程监控,确保系统正常运行。

(6)对监测系统进行现场巡检,现场巡检分为定期巡检和不定期巡检。定期巡检为每月一次,不定期巡检根据系统运行实际情况安排。巡检项目包含传感设备维护、网络维护、采集传输设备维护、存储分析设备维护及附属设备维护。

(7)负责健康监测系统软件的升级及改造,编制系统使用指南,对养护技术人员进行培训。

3)桥梁养护施工单位

(1)经常检查

主要对桥面铺装、养护施工作业情况、斜拉索外观损伤、重要附属设施外观等危害桥梁的情况进行日常巡查。日常巡视检查每日一次,以目测为主,及时掌握桥面的保洁情况,坑槽,桥面系等附属设施情况,并做好设施外观明显缺陷情况报表。雨天或灾害性天气,加强巡视,发现危险情况,及时报告。

以目测方式配合简单工具进行经常检查,检查周期为每月一次。对经常检查中发现重要部(构)件明显达到三、四、五类技术状况的桥梁,应立即安排定期检查或特殊检查。经常检查过程中应填写"桥梁经常检查记录表",现场登记所检查的项目和缺损类型,估计缺损范围和养护工程量,提出相应的小修保养措施,为编制小修保养计划提供依据。

(2)桥梁日常小修保养

对桥梁及附属设施进行预防性保养和修补其轻微损坏部分,使其保持完好状态。

(3)桥梁大、中修养护工程

对桥梁及附属设施一般性磨损和局部损坏进行定期的修理加固,以恢复原状。对桥梁及其附属构造物的较大损坏进行周期性的综合修理,以全面恢复到原设计标准的技术状况,或在原技术等级范围内进行局部改善和个别增建,以逐步提高其通行能力。

(4)事故抢险和应急处置

配合工程养护部参与桥梁事故抢险和应急处置,及时上报桥梁突发事故情况及事故等级,为工程养护部应急决策提供咨询或建议,采用临时或永久性措施在最短的时间内恢复交通。

3.4 桥梁养护工作

石首长江公路大桥主桥养护工作一览表,见表3-1。

石首长江公路大桥主桥养护工作一览表　　　　表3-1

桥梁部位	养护工作内容及频次					
	序号	日检检查内容	周检检查内容	月检检查内容	季检检查内容	年检检查内容
石首长江公路大桥主桥	1	桥面及排水	主塔外观及线形	主桥支座,钢锚箱、钢锚梁、钢筋梁表面等部位	箱室内连接部位(U肋)的焊缝及高强度螺栓连接部位	桥梁主要受力结构的检查和检测
	2	钢护栏	主塔电梯	检修小车、塔内检修梯、下横梁内配电设施	主塔锚固区、塔梁连接部位等处的混凝土	桥梁主要设备的检查和检测
	3	主桥伸缩缝	照明设施	斜拉索内置式减振器、锚头区混凝土、密封圈等	北边跨预应力混凝土梁胶拼缝、钢-混凝土结合段等	桥梁健康监测系统的应用情况检查

续上表

桥梁部位	养护工作内容及频次					
	序号	日检检查内容	周检检查内容	月检检查内容	季检检查内容	年检检查内容
石首长江公路大桥主桥	4		斜拉索及索梁阻尼器	行车标志及标线，主墩基础，航空障碍灯	钢箱梁防腐	桥梁运营状况的评定
	5			塔梁阻尼器	除湿设备、防雷设施、航标	

第4章 桥梁常见病害

4.1 斜拉桥常见病害

4.1.1 主梁常见病害

4.1.1.1 钢箱梁常见病害

1）腐蚀

钢箱梁腐蚀主要集中在钢箱梁隐蔽部位、箱梁内的转角部位、边纵腹板与顶板、底板的连接部位以及桥两侧的泄水管周围等构件易积雨水处，腐蚀类型主要是由尘埃和盐引起的锈蚀。

2）裂纹和裂纹扩展

（1）钢材杂质含量较高，冶炼、轧制工艺不合适，形成钢组织应力和微观缺陷；不合适的焊接材料及工艺造成晶粒长大、组织不均匀和微观缺陷；在制造和结构使用过程中，遭受塑性变形及变应力影响形成宏观裂纹。

（2）焊接宏观裂纹和缺陷漏检，导致使用过程裂纹进一步扩展；焊接、冷变形、剪切、烧切，以及机加工形成的缺陷和残余应力及变形与外荷载共同作用产生开裂。

（3）工艺过程中或自然环境吸入氢，材质劣化，长期形成滞后断裂。

（4）裂缝出现区域：钢箱梁表面由于疲劳容易引起裂缝，特别是应力集中区、交变应力区及锚箱部位；钢箱梁的对接焊缝以及U肋、钢板等对接焊缝区域容易变形或开裂。钢箱梁常见易出现疲劳裂纹部位，如图4-1所示。

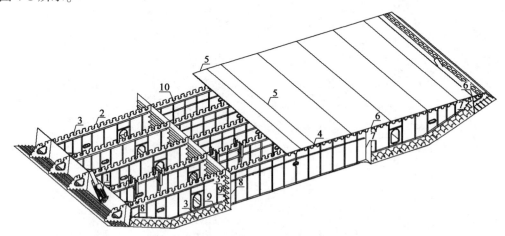

图4-1 钢箱梁易产生疲劳裂纹部位汇总示意图

1-钢锚箱锚拉板与外腹板焊接连接部位；2-横隔板与顶板接连接部位；3-纵肋与横隔板焊接连接部位；4-纵肋与顶板焊接连接部位；5-顶板横向及纵向对接焊连接部位；6-腹板与顶板焊接连接部位；7-横隔板与腹板焊接连接部位；8-腹板对接焊连接部位；9-纵肋嵌补焊接连接部位；10-横隔板齿型板对接焊连接部位

3）高强度螺栓锈蚀、松动、断裂

高强度螺栓连接在运营过程中会出现锈蚀，由于欠拧、漏拧而导致松动。高强度螺栓由于超拧，在高应力腐蚀和氢滞下出现延迟断裂。

4.1.1.2 北边跨混凝土箱梁常见病害

根据病害统计表，预应力混凝土箱梁病害主要分为梁体裂缝、梁体缺损、普通钢筋锈蚀、（体外）钢绞线及锚具损坏、梁体内部积水。

钢-混凝土结合段处容易出现混凝土梁裂缝，所以要防止桥面水渗漏造成混凝土内钢构件锈蚀及钢-混凝土间的连接失效。

1）梁体裂缝

箱梁共有 7 类 10 种普遍性的裂缝，10 种常见裂缝类型见表 4-1。

常见裂缝类型　　　　表 4-1

裂缝编号	裂缝性质
1	底板横向裂缝
2	顶板横向裂缝
3	腹板斜裂缝
4	与底板横向裂缝贯通的腹板裂缝
5	贯通腹板、底板的螺旋状裂缝
6	顶、底板纵向裂缝
7	齿板局部区域裂缝
8	锚下发散裂缝
9	沿预应力管道裂缝
10	横隔板裂缝

2）梁体缺损

混凝土梁体缺损的形式多种多样，常见的表现形式有剥落、磨损、露筋等。

3）普通钢筋锈蚀

在钢筋混凝土结构中，钢筋处于水泥水化时所生成的强碱介质中（pH = 12 ~ 14），钢筋表面会形成钝化膜，可以抑制钢筋的锈蚀过程。如果有其他因素影响，如混凝土不密实、保护层遭受破坏、太薄、混凝土碳化、裂缝或者外加剂的原因，将会导致钢筋锈蚀，削弱钢筋的截面面积。

4.1.2 主塔常见病害

本桥的主塔为混凝土主塔，其主要常见病害：

(1) 主塔外表面涂装层成片剥落。

(2) 混凝土出现蜂窝、麻面、剥落、掉角。

①蜂窝：混凝土局部疏松，砂多，水泥浆少，石子之间出现孔隙，形成蜂窝状孔洞的现象。

②麻面：混凝土表面局部缺浆、粗糙，或有许多小凹坑，但无钢筋外露现象。

③剥落：混凝土表面的砂、水泥浆脱落，粗集料外露的现象。严重时则形成集料及包着集料的砂浆一起脱落，或混凝土表面灰浆呈片状的脱落。

④掉角：结构边角处的混凝土掉落。

(3) 钢筋露出、锈蚀。

(4) 塔身出现肉眼可见裂缝，并不断扩展。

4.1.3 斜拉索常见病害

（1）拉索表面缠包的 PVF 胶带和螺旋线的脱落或损伤；外护套产生环状开裂或聚乙烯（PE）层断开，水进入索体导致钢丝锈蚀；经过常年的阳光照射，聚乙烯老化后出现龟裂导致水分进入索体是影响热挤聚乙烯拉索耐久性的主要原因之一。

（2）作为减振圈支撑的预埋管端口不密封进水，结果使预埋管成为"贮水管"，进而接长管与锚杯口受水浸入，钢丝、锚杯、镀圈锈蚀。有的预埋管内防护罩加注石蜡或黄油，石蜡及黄油变质，水仍然浸入。

（3）外置式杠杆质量减振器表面出现剥落、锈蚀、变形，阻尼材料外溢，连接螺栓出现松动，外置式阻尼器与主梁连接处锚固不牢固等病害。

4.1.4 球形钢支座常见病害

斜拉桥支座采用球形钢支座，常见病害主要有局部变形，钢构件锈蚀、表面防锈油脂老化、开裂等。

4.1.5 桥面系常见病害

1）桥面铺装

沥青玛碲脂碎石混合料（即 SMA 沥青混凝土）钢桥面主要病害如下。

（1）裂缝：由于沥青材质不良或者材料收缩导致桥面铺装出现裂纹。

（2）车辙：铺装层中的各层在汽车荷载重复作用下过度压实和沥青层中材料的侧向位移而形成的永久变形。

（3）推移、拥包：由于铺装层内部产生较大的剪应力，引起不确定破坏面的剪切变形，或者由于铺装层与桥面板层间结合面黏结力差，抗水平剪切能力较弱，沥青路面在气温较高时抗剪强度下降，在水平方向上产生相对位移发生剪切破坏，产生推移、拥包等病害。

（4）磨耗：主要表现为铺装层磨光、剥落、松散、坑槽。

2）伸缩缝

（1）钢板松动、锈蚀。

（2）伸缩缝掉入杂物，导致不能自由变形：

①伸缩缝内淤塞；

②橡胶条局部破损、漏水；

③橡胶条老化开裂。

（3）锚固螺栓松动、失效。

（4）伸缩缝出现拉开或抵挤的现象；伸缩缝不平整，出现跳车现象，两侧混凝土破碎。

3）排水系统

泄水管及连接口破坏、损伤、缺失、堵塞，盖板损坏、丢失。

4）钢构件护栏

钢构件油漆脱落锈蚀、缺失、划伤，锚固螺栓松动、失效。

4.1.6 桥墩及基础常见病害

（1）台帽上有杂物堆积，植物生长；

（2）混凝土出现蜂窝、麻面、剥落、掉角、钢筋露出、锈蚀；

（3）基础脱空及沉降；

（4）墩柱和台帽上出现裂缝。

4.1.7 斜拉桥其他附属设施病害

(1)交通标志、航空及通航标志损坏、缺失；
(2)航空障碍灯失效；
(3)标志牌污染、锈蚀、支架松动、扭曲变形；
(4)交通标线污染、磨损和剥落；
(5)防雷设施涂装破损、失效。

4.2 梁式桥常见病害

4.2.1 南、北引桥变截面梁常见病害

1）主梁常见病害
(1)混凝土出现蜂窝、麻面、剥落、掉角、钢筋露出、锈蚀。
(2)出现结构性裂缝：
①梁体顶面裂缝产生纵向裂缝,大多数出现在腹板与顶板交接的位置,这些梁体纵向裂缝基本沿梁体通长分布,呈断续、不规则现象,个别部位裂缝较宽。
②底板裂缝主要包括跨中底板的纵向裂缝和横向裂缝。

纵向裂缝产生原因：在预应力钢束产生的径向力作用下,底板横截面发生弯曲变形,导致底板横向受弯而产生纵向裂缝。

横向裂缝产生原因：在跨中截面部分箱梁底板出现了横向裂缝,此类裂缝为荷载裂缝,裂缝宽度在重车过桥时发生变化。

③腹板裂缝主要为跨中及1/4跨径附近的竖向裂缝及与水平方向成约45°斜裂缝,这主要与混凝土收缩或箱梁混凝土质量有关。

④预应力锚固区裂缝主要为顶板预应力锚固区的纵向局部裂缝,以及在预应力锚头混凝土齿板处产生的裂缝。

2）桥墩及基础常见病害
墩台及基础常见病害见4.1.6节。

3）支座常见病害
南滩桥设置球形钢支座,球形钢支座常见病害见4.1.4节。

4）桥面系附属病害
(1)伸缩缝常见病害
①钢板松动、锈蚀；
②伸缩缝掉入杂物,导致不能自由变形；
③锚固螺栓松动、失效；
④伸缩缝不平整,出现跳车现象。
(2)排水系统常见病害
排水沟堵塞、泄水管支架松动、泄水管脱落。
(3)护栏常见病害
钢管锈蚀,构件缺失、损坏。

5）附属设施常见病害
(1)交通标志、航空及通航标志损坏、缺失；

(2)交通标线污染、磨损和剥落;
(3)防雷设施涂装破损、失效;
(4)桥上配电设施失效。

4.2.2 南滩桥等截面箱梁常见病害

1)主梁病害

(1)主梁梁端腹板的斜裂缝。

(2)腹板与顶板相接处的纵向裂缝。

(3)另外还存在很多其他形式的裂缝,如梁体跨中的环向裂缝、箱梁底板的纵向裂缝及腹板和底板交界处沿纵向的裂缝等。

(4)部分主梁出现局部钢筋外露锈蚀。

2)桥面铺装病害

南滩桥采用密实式沥青混凝土混合料(AC)进行铺装,主要为开裂、坑槽、推移和拥包等。

3)支座病害

南滩桥采用双曲面球形减(隔)振支座,该类支座常见病害如下。

(1)钢件裂纹和变形:支座的钢材中出现肉眼可见的裂纹,以及支座钢板在荷载作用下发生翘曲、扭曲、断裂、脱焊。

(2)钢件脱焊:支座焊接件及不锈钢板与基层钢板之间的焊缝脱焊。

(3)摩擦副滑板磨损:支座中由于滑板和不锈钢滑板之间相对滑动所产生正常的磨损,但滑板厚度低于设计使用厚度。

(4)支座位移超限:由于设计或安装不当造成支座滑板滑出不锈钢板板面范围。

(5)支座转角超限:由于设计或安装不当造成支座转角超过相应荷载作用下最大的预期设计转角。

(6)由于运输或安装磕碰造成支座防腐油漆失效。

(7)由于安装或疲劳荷载造成螺栓松动或断裂。

(8)由于安装或年久失修造成防尘罩破损或失效。

4)墩台病害

墩台常见病害见"4.1.6 桥墩及基础常见病害"。

5)附属设施常见病害

附属设施常见病害见"4.2.1 南、北引桥变截面梁常见病害"。

4.2.3 南、北引桥小箱梁常见病害

1)主梁常见病害

(1)主梁裂缝:

①主梁梁端腹板的斜裂缝。

②腹板与顶板相接处的纵向裂缝。

③桥面板湿接缝处的纵向裂缝。

④墩顶现浇连续段混凝土劣化。

⑤另外还存在其他形式的裂缝,如梁体跨中的环向裂缝、箱梁底板的纵向裂缝及腹板和底板交界处沿纵向的裂缝等。

(2)主梁破损、漏筋、钙化:

部分板梁腹板尺寸和顶板尺寸偏小,不满足设计要求,甚至出现局部钢筋外露锈蚀。小箱梁与小箱梁部分接缝位置处混凝土脱落、渗水,并在梁体表面析出白色钙化物。

2）桥面铺装病害

沥青混凝土病害主要为开裂、坑槽、推移和拥包等。

3）支座病害

南、北引桥采用矩形板橡胶支座，该类支座常见病害如下。

(1)开裂：板式支座的表面出现水平裂缝或者是网状裂纹；橡胶支座老化、开裂。

(2)橡胶支座内部加劲物外露：钢板或钢丝网等加劲物位置不对，导致外侧的保护层厚度不够，当支座发生裂缝或是严重老化后，就会导致钢板外露的现象。

(3)橡胶不均匀鼓凸与脱胶：常发生在橡胶与钢板黏结破坏时。

(4)脱空：板式支座与桥梁上部结构的底面或者是板式支座与下部的垫石之间出现缝隙造成支座脱空。

(5)支座位置串动：支座垫石表面不平整，造成支座局部承压，引起支座位置串动，严重时可能会造成个别支座脱落。

(6)矩形板橡胶支座同不锈钢板的接触面未保持水平。

4）桥墩病害

墩台常见病害见"4.1.6 桥墩及基础常见病害"。

5）附属设施常见病害

附属设施常见病害见"4.1.7 斜拉桥其他附属设施病害"。

第5章 桥梁日常管理

5.1 日常作业

1）桥面清洁及交通事故清理

（1）应每日定时清扫桥面,清扫范围包括桥面、行车道、检修道、中央分隔带、伸缩装置、泄水孔等,保持桥面行车道、隔离带、斜拉索及泄水孔附近的清洁。日常清扫采用机械清扫与人工清扫相结合的方法。夜间配备值班人员,随时清理各种突发事件形成的桥面污染。桥面不得有污物及过往车辆丢弃的杂物。清扫桥面应将废弃物运至指定场所,严禁将杂物扫入泄水孔。

（2）及时清除交通事故造成的桥面残留物,检查交通事故是否对桥梁及其附属设施造成破坏或损伤,若有需要及时进行修复。

2）保持排水设施通畅

须经常检查泄水管、集水槽有无堵塞,及时清除排水系统中堵塞的泥土杂物。应保持桥梁集中排水系统的完好,及时修复更换老化破裂的排水管道,保证排水设施的状态良好,防止因雨水不能及时排除而妨碍交通、浸泡桥面铺装层和侵蚀桥梁结构中的构件等。

3）保持交通安全设施完好

检查交通标志、标牌、防撞护栏、信号灯等设施是否完好,如有损坏,应及时修复。

5.2 通行保障管理

5.2.1 恶劣天气的通行保障管理

1）暴雨、强风

当气象部门发布有大风和台风消息时,由专人利用桥上布置的综合气象监测设备以及主塔横梁上的风速风向仪,随时观测风速,以便根据有关规定确定各类车辆能否过桥,配合交警、路政部门加强对过桥车辆管理,防止发生翻车及侧滑事故。灾害性气候下桥上行车限速要求见表5-1。

灾害性气候下的限速要求　　　　　表5-1

风速(m/s)	风中限速(km/h)	风雨中限速(km/h)	备　注
<21	50	40	平均风速
21~23	40	30	
23~25	30	20	
>25	封桥	封桥	

注：桥址最大瞬时风速29.8m/s,年最大风速21.2m/s。

2）雾天

雾天应加强养护施工作业区的管理,增设警示及引导设施,配合交警、路政部门加强对过桥车辆管理。以能见度为依据制定限速封桥标准。

3）冰雪天气

（1）应根据气象资料和行车条件等情况，制定清除冰雪和保障行车安全的应急预案。

（2）当降雪发生时，应按预案及时组织路面清扫和冰雪处置工作。清扫桥面冰雪宜在降雪初期尚未结冰时进行，不使车道内积雪结冰。清扫桥面积雪应尽可能保证在一个方向上有一条通道。

（3）如采用机械清扫桥面积雪和冰雪处置，施工机械行进方向应与行车方向一致，并严格控制车速。

（4）当预计桥面将要发生积冰时，应按照预案及时做好融雪材料、融雪设备等各项准备；当桥面发生积冰或根据气象预报和经验判断即将结冰时，立即进行融雪工作。

（5）融雪材料必须确保不腐蚀桥梁钢结构，融雪材料的采购应报桥梁运营管理单位桥梁运营管理单位审批，必要时应进行相关的试验检测和专家论证。

（6）降雪停止、融雪结束、气温恢复到0℃以上后，应立即进行桥面清洗。

（7）桥面铺装上降雪量和冰冻程度严重，已无法保证安全行车，则建议封道。

（8）采取的融雪材料应满足相关要求，通过相关检测。

5.2.2　偏载施工时行车及荷载限制

当桥面维修或局部更换构件则可能引起某一行车道的暂时封闭，或仅开通上游（下游）侧车道进行维修，这将会引起主梁及斜拉索在一段时间内连续承受偏载作用。这种偏载作用会导致斜拉索拉力的增加，虽然不至于引起斜拉索的顷刻破坏，但长期如此，将会导致斜拉索的累积损伤。为便于确定损伤程度，应采取以下措施：

（1）认真记录偏载的大小和数量，计算斜拉索等因偏载产生的内力增量；

（2）尽可能逐个车道维修，而不能一次同时关闭同方向的3个车道，不允许单幅双向行车。

5.2.3　交通量管理

每日进行大桥交通量观测，获取交通流量、平均车速、车距等参数，进行建档、存档。建立交通量统计报表和档案，为分析桥梁的运营状况和评估桥梁的剩余寿命提供可靠的资料。

5.3　船舶通航管理

（1）配合和督促航道管理部门加强航道管理，桥下通航船必须按规定的航道行驶，不得进入非通航孔。过往船只的宽度及高度（吃水线至船舶最高点的尺寸）均不得超过本桥设计规定的通航净空。在斜拉桥段安装视频摄像机，用于捕捉主航道上过往船舶的交通情况。

（2）应防止大漂浮物撞击桥墩。若发生失控船只撞击桥墩，应立即通知石首市海事局扣留肇事船只，通知石首长江公路大桥信息监控分中心启动应急预案，并组织有关人员做好详细检查及相应记录，建立船舶撞击事故档案。

（3）限制超高船只通过桥下。

①石首长江公路大桥设计通航标准为1级，通航净高不少于22m，设计最高通航水位高程37.64m（重现期20年），船体吃水线以上至船体最高部位（含桅杆）的净高度超过通航净高的船只称为超高船只，禁止超高船只通过桥下。

②当船只净高度超过通航净高的90%时，应做好以下工作：

a. 较高船只过桥时，其上装载货物应尽量均匀，以免船体倾斜，使实际高度大于申报高度。

b. 应请石首市海事部门配合，使较高船只单独过桥。桥面上公路交通暂时封闭，以免活载使主梁产生挠度,压缩桥下通航净空。

c.较高船只过桥应选择在适当水位且无大风浪时低速通过,避免因高速行驶引起船体前后(或左右)颠簸,导致超出原申报船体高度。

d.应尽可能让较高船舶只沿通航孔主航道中心线行驶。

e.应对较高船舶过桥进行监测,确保桥梁结构安全。

5.4 桥梁测量控制网管理

1)长期观测点的设置

(1)为了保证大桥的安全运营和为桥梁科技发展积累资料,本桥在若干部位建立长期观测点。日常必须对这些观测点加强管理。

(2)主塔上的长期观测点:主塔塔顶高程及偏位是结构几何线形的重要参数,是反映当前大桥内力状态的重要指标,主塔空间变位监测设备选用全球导航卫星系统(GNSS)设备在南北塔塔顶各布设一个监测点,重点把握塔顶三维变形,并获得绝对坐标。

(3)主梁上的长期观测点:主桥北边跨(3×75m)每跨按4等分点、主跨820m按16等分点、南边跨300m按8等分点、南次边跨100m按4等分点,全桥共布置82个长期观测点。主桥北边跨混凝土箱梁观测点(主梁线形测量)布置在上、下游侧防撞护栏外侧,钢箱梁观测点布置在上、下游侧防撞护栏钢壳上。

混凝土箱梁、钢箱梁线形测点照片分别如图5-1、图5-2所示。

图5-1 混凝土箱梁线形测点　　　　　　　图5-2 钢箱梁线形测点

主桥北边跨(3×75m)每跨按6等分点、主跨820m按8等分点、南边跨300m按8等分点,主桥共布置255个长期监测点。其中,主桥跨中桥面上游布设了1台三向超声风速仪和1台环境温湿度仪,安装于路灯杆上;主桥跨中下游桥面布设了1台三向超声风速仪和1台雨量计,安装于路灯杆上;在主桥两端的伸缩缝下面分别安装了4台拉绳式位移计,主要观测伸缩缝的位移及支座位移,其余监测点(主梁振动、主梁挠度、梁内温湿度)都安装于主桥箱梁内。

(4)主塔温度观测点:主塔长期监测温湿度观测点主要位于南北塔塔冠及塔底,各布设了1台环境温湿度仪,共4台。

(5)主梁应力观测点:主梁应力长期监测点分别在北边跨跨中及102号墩至103号墩间梁内,混凝土梁是预埋监测点;主跨跨中梁及南塔塔梁交接处梁内;南边跨104号墩至105号墩间梁内。

2)长期观测点的管理

(1)应经常检查观测点是否因环境、气候变化而导致模糊不清。金属标志需注意防锈、防腐蚀,应确保观测时清晰可辨,随时可以使用。

(2)对平面基准控制点及高程基准控制点应定期进行检查,在对不同周期观测资料进行分析的基础上,判定它们的稳定性。当观测值出现异常时,应查明原因,委托设计部门计算,采取措施进行处理。
(3)建立控制网定期检查报表制度,按养护管理程序上报。

5.5 桥梁技术档案管理

桥梁管理养护单位须建立健全公路桥梁档案管理制度,积极推广应用公路桥梁管理系统,及时更新桥梁技术数据,保证公路桥梁技术档案真实完整,实现电子化管理。

桥梁管养单位要按照"一桥一档"的要求建立纸质桥梁技术档案,做到内容完整、更新及时、方便使用。特大、特殊结构和特别重要桥梁的养管单位,要利用现代信息技术建立符合自身特点的养护管理系统和健康监测系统。

1)桥梁基础资料
(1)桥梁设计施工图和竣工图,结构计算分析报告;
(2)施工过程中的试验检测及科研资料;
(3)工程事故处理资料;
(4)施工全过程的结构位移或变形测试资料;
(5)观测或监测点(部件)资料;
(6)交(竣)工验收资料;
(7)检测报告、施工监控总报告。

对新建桥梁,管养单位应参与交(竣)工验收。桥梁建设单位应向管养单位移交桥梁基础资料,并协同做好管养工作。

2)桥梁管理资料
应包括桥梁管养单位、监管单位,分管领导、桥梁养护工程师等的基本资料,同时还应包括桥梁养护工程师业务考核情况和年度主要工作情况。

3)桥梁检查资料
(1)经常检查、定期检查结果、养护对策建议,特殊检查建议报告和检查结果,定期观测点观测结果,养护建议计划,以及检查的时间、人员等基本资料;
(2)特殊检查还包括检测方案、检测报告、检测资料、检测(试验)方的资质证书(复印件)、业绩证明(复印件)以及主要检测人员的资格证书(复印件)等;
(3)资料包括文字资料、照片、录像或多媒体资料等。

4)桥梁养护维修资料
(1)小修保养工程的实施技术资料和养护质量评定结果,以及工程实施的时间、组织实施人员等;
(2)桥梁的中修、大修工程的设计图纸、竣工图纸、施工资料、监理资料、监控资料、质量事故处理报告、交(竣)工验收等技术资料,以及设计、施工、监理、监控等各方的资质证书、业绩证明及主要检测人员的资格证书(复印件)等。

5)桥梁其他资料
包括地质灾害、气象灾害、超限运输等特殊事件的具体情况、损害程度、处治方案等。
(1)应设专人对技术档案资料进行管理。管理工作应按国家关于科技档案管理的有关条文办理。应建立计算机数据库,将分类资料存入硬盘,以便于检索;数据库中的各种不同类型的工程设计档案数据,其文件格式均应尽量采用通用文件格式。文字型数据推荐采用 pdf、txt 格式;扫描图像数据推荐采用 jpeg、tiff 格式;视频数据推荐采用 mpeg、avi 格式。音频数据推荐采用 mp3、wav 等格式。
(2)所检查的文档应及时归档,数据库中部分资料(如病害处理等)应及时更新。上述资料及历次检查检测资料等均应作为永久性档案保存。

(3)基本资料缺失时,应根据历年检查、养护资料,逐步建立和完善其技术档案。必要时,可专门安排有针对性的检测、试验或特殊检查,补充、完善桥梁技术资料。

5.6 安全管理

在现场养护作业中,养护人员必须面对穿梭而过的车辆,面对各种养护机械的运行,面对高危检测地点,因此养护作业的安全和养护人员的安全必须得到重视,且应体现在各种操作规程中。

1)桥梁养护作业安全须考虑的内容

(1)重复性

对于桥梁的日常检查,每天的要求都是一样的,如日常巡检、日常养护和小修。重复性工作容易使人产生惰性,从而忽略安全操作的必要性,导致事故的发生。

(2)突发性

在桥梁养护维修中,应对突发性的事件采取紧急措施,尽快恢复交通。交通事故和其他原因都有可能造成桥梁、构件、交通设施的损坏。为此,养护管理部门应制定应急处理的多套选择方案,使其能够满足突发性抢险的需要,做到常备不懈。

(3)高风险

在桥梁养护维修工作中,很少封闭交通。高速的交通流和复杂的现场作业环境使得养护作业存在安全风险。桥面上的养护作业组织要求按规定正确设置交通知识标志和照明设施,尤其在视线不好的夜间或路段。过往车辆的状况是难以人为控制和无法事先预料的,应选择合适的时段,事先组织好作业步骤,保证良好的现场秩序、标志指示清楚,以降低养护维修安全作业的风险。

(4)废弃物的处理

桥梁养护过程中造成的废弃物,必须妥善安排清除。丢弃时应获得弃置场所拥有人的同意,废弃物不可任意倾倒于河道或施工场地附近,应遵循城市环保相关条例。

2)安全预防措施

养护人员培训时,应进行专题讲解安全、规范的现场操作。规范的操作是为了使得养护人员在操作时保持谨慎,包括良好的人员防护、清洁习惯和人员急救处理。检查作业的一般安全预防措施如下:

(1)所有现场的电缆及电线均应假设处于通电状态,检查时所有电源线应切断。

(2)检查人最好2人以上,以便相互照应。

(3)水上作业应备有船只、救生圈、无线电对讲机等设备,以便紧急救援使用。

(4)水上作业时,应穿着防水衣裤。

(5)水中检查应由有潜水执照的人员来进行。

(6)密闭场所检查时,如钢箱梁内部、混凝土箱梁内部、主塔内部等,应开启构造物内部照明并配备手电筒,必要时应准备氧气设备。箱梁内部是否有有害气体应事先鉴定,以免发生危险。

(7)特别强调:每次每处的养护作业都须做好前后相关的行车诱导、封闭、警示灯安全措施,确保施工人员、设备及行车安全。

5.7 应急管理

(1)桥梁突发事件的处置工作应在桥梁运营管理单位的统一领导下,根据桥梁运营管理单位《突发应急事件管理实施办法》,由桥梁运营管理单位各部门具体负责,必要时请求当地政府及单位配合。

(2)接获桥梁突发信息后,桥梁运营管理单位应立即向上级主管部门报告并启动应急预案,及时、有效进行处置工作。应急处置过程中,要按相关规定向上级主管部门续报有关情况。

（3）发生以下突发事件，桥梁运营管理单位应在接获有关信息后立即上报湖北交通投资集团有限公司及相关主管部门：

①桥梁损毁中断交通的；

②大型、特大型桥梁出现严重病害危及桥梁安全的；

③车辆或船舶与桥梁设施相撞，造成严重后果的；

④船舶撞击桥梁主塔、主梁；

⑤桥面交通事故引起的失火、防撞设施损坏、危化品泄漏等。

（4）工程养护部应按照职责和预案，根据合同规定责成养护施工单位切实做好应对桥梁突发事件的人员、物资、资金保障工作，确保应急工作正常有序进行。

（5）运营风险如下：

①大风导致行车安全风险：主要表现为因桥面风环境变化而形成的安全风险；桥梁风振对行车安全的影响。

②危险品运输风险：危险品运输事故发生时，在短时间内产生相当大的毒性和腐蚀性，对环境和人民的生命财产造成巨大损失；造成大桥交通中断。

③灾害性天气风险：暴雪对桥梁结构安全和正常运营影响较大，如2008年初南京遭受50年未遇的暴雪，造成南京二桥、南京三桥和周边高速公路封闭。在此过程中南京三桥主桥由北往南方向单侧出现车辆积压较多，导致桥梁结构偏载严重，该侧拉索受力激增，影响结构安全，也易引起结构锈蚀。

（6）运营风险防治措施：

①大风导致行车安全风险应对措施。

a. 做好对桥面风速的动态预报和跟踪，在风速较大情况下，建议采取限制或封闭交通的方式来保证桥面形成的安全；

b. 加强大风天气条件下桥梁的运营管理，车辆限速通行。

②危险品运输风险应对措施。

a. 在大桥运营过程中，装有危险品（如火药、雷管、导火线、水银、剧毒和易燃、易爆物品等）的车辆过桥时，应严加控制；

b. 建议制定危险品运输应急预案，如发生事故，应立即启动应急预案，采取措施，尽可能减少损失；

c. 制定爆炸、易燃、毒害、腐蚀、放射性危险品专门运输管理办法，将其运输过程的风险降到最小。

③灾害性天气风险等应对措施。

a. 建议制定桥梁发生暴雪及较、重大交通事故应急预案；

b. 通过桥梁安全监测系统，及时获取在暴雪、车流量较大引起偏载状况下的结构响应，评估结构受力状况；

c. 灾害性天气过后必须立即进行人工巡检；

d. 加强巡检养护，确保桥梁防雷系统发挥实效。

5.8 安全事故责任追究

（1）对因失职而造成的桥梁安全事故，桥梁运营管理单位实行事故责任追究制。工程养护部为事故主要责任部门，专职桥梁养护工程师为事故主要责任人。各养护施工单位为事故次要责任单位，养护施工单位的桥梁养护工程师为事故次要责任人。

（2）工程养护部、养护施工单位专职桥梁养护工程师应随时掌握石首长江公路大桥的技术状况，发现技术状况四、五类桥梁应第一时间向桥梁运营管理单位领导汇报。未发现危桥或发现后未及时上报，属于严重失职行为，桥梁运营管理单位将按照员工奖惩规定进行严肃处理，必要时追究其法律责任。

（3）出现桥梁安全事故后，桥梁运营管理单位将组织专班进行事故调查。对于在经常性检查中应发现而未发现的桥梁安全隐患，以及在定期检查或健康监测中应发现而未发现的桥梁安全隐患，由工程施工单位及其桥梁养护工程师负责。

第 6 章 桥 梁 检 查

桥梁检查分为经常检查、定期检查和特殊检查。
1）经常检查
经常检查对日常巡视检查中发现的问题,对病害部位进行较仔细检查、分析研究,根据判断提出处理办法、措施,并结合部分常规定期检查要求,对设施重要部分进行循环检查。主要是指对桥面设施、上部结构、下部结构及附属构造物技术状况进行检查。
2）定期检查
按规定周期及项目对桥梁主体结构及其附属构造物进行定期跟踪、全面检查。主要检查各部件的功能是否完善有效,构造是否合理耐用,发现需要大、中修、改善或限制交通的桥梁缺损状况,同时检查小修保养状况。
3）特殊检查
分为专门检查和应急检查。
（1）专门检查:对需要进一步判明损坏原因、缺损程度或使用功能的部位,要针对病害进行专门的现场试验、检测、检算与分析等鉴定工作,以便采取有效的养护措施。
（2）应急检查:当桥梁遭受洪水、漂流物、船舶撞击以及地震、风灾、火灾和超重车辆、载有危险品的车辆自行通过等自然灾害和事故后,应立即对结构作详细检查。检查时限应在自然灾害或异常情况发生后 24h 内。查明破损状况,采取应急措施,尽快恢复交通。
桥梁的经常检查、定期检查、特殊检查按照湖北交投高速公路运营集团有限公司相关规定确定单位组织实施,相关专业检测的项目需委托具有专业资质的检测单位检测。桥梁日常检查按照湖北交投高速公路运营集团有限公司下发制度办法执行。

6.1 经常检查

主要对桥面铺装、养护施工作业情况、斜拉索外观损伤、重要附属设施外观等危害桥梁的情况进行日常巡视检查（即日常巡查）。日常巡视检查每日一次,大桥养护施工单位应安排具有一定工作经验的专职巡视人员在白天进行。以目测为主及时掌握桥面的保洁情况,坑槽,桥面系等附属设施情况,并做好设施外观明显缺陷情况报表,雨天或灾害性天气,加强巡视,发现危险情况,及时报告。
经常检查主要检查桥梁结构有无明显的严重病害,如:
(1) 桥梁墩台是否存在被车辆(船舶)严重撞损情况;
(2) 斜拉索有否明显损伤;
(3) 梁体有无明显车船撞损情况;
(4) 钢护栏、混凝土护栏、灯柱等有无明显储量撞击或由于其他原因受损较严重情况。
经常性检查主要以目测方式配合简单工具进行,检查周期为每月一次。对经常检查中发现重要部(构)件明显达到三、四、五类技术状况的桥梁,应立即安排定期检查或特殊检查。经常检查过程中应填写"桥梁经常检查记录表",现场登记所检查的项目和缺损类型,估计缺损范围和养护工程量,提出相应的小修保养措施,为编制小修保养计划提供依据。检查结束后检测单位应配合养护施工单位,及时更新桥梁养护管理系统数据。

6.1.1 桥面系检查

须经常检查桥面铺装是否有新的裂缝、车辙及坑槽,排水管有无堵塞,及时清除排水管中堵塞的泥土杂物。应保持排水设施的状态良好,防止因雨水不能及时排除,而妨碍交通、浸泡桥面铺装层和浸蚀桥梁结构中的钢筋和钢构件等。伸缩缝是否淤塞或掉入杂物,伸缩缝是否出现拉开或抵挤以及伸缩缝不平整的现象,是否出现跳车现象,两侧混凝土破碎等病害。

6.1.2 桥面清洁

(1)每日定时打扫桥面卫生,保持桥面清洁。桥面不得有污物及过往行人或车辆丢弃的杂物。每天应有专人清扫并将废弃物运至指定场所。

(2)机械化保洁。为推进新材料、新工艺、新技术、新设备"四新技术"的运用,不断提升桥梁养护质量,通过引进多功能道路清扫车,用于日常路面保洁施工。该设备配备专用计算机进行一体化自动操控,采用吸扫结合,清扫过程中能利用其强大的吸力将路面各类细微杂物、灰尘、碎石吸进车内,清扫过程中不会出现扬尘。

6.1.3 检查排水设施

须经常检查排水管有无堵塞,及时清除排水管中堵塞的泥土杂物。应保持排水设施的状态良好,防止因雨水不能及时排除,而妨碍交通、浸泡桥面铺装层和浸蚀桥梁结构中的钢筋和钢构件等,甚至导致更大危害。

6.1.4 保持标志、标线等交通安全设施完好

检查标志、标线等交通安全设施是否完好。如有损坏应及时修复。

6.1.5 检查要求和方法

(1)由桥梁养护工程师组织养护施工或技术人员,采取目测,并借用常规仪器设备和工具,从桥面、桥下对构件病害进行检查,认真填写"桥梁经常检查记录表",记录所检查项目的缺损类型。

(2)对日常巡视检查中发现的病害和问题,进行较为细致的检查。

(3)根据常规定期检查要求,对设施重要部分,如钢箱梁、斜拉索、钢-混凝土结合段、主塔锚固区、预应力连续箱梁、南滩桥球形钢支座、大伸缩量伸缩缝、塔内电梯等进行循环检查,每年度保证每个单元检查两次。

(4)桥梁养护工程师根据设施动态变化情况、病害易发期,以及汛期、雨季、冰冻等特殊情况决定其他检查内容。

(5)检查中发现桥梁主要部件存在明显缺陷时,应立即报告桥梁运营管理单位,以便采取相应措施。

6.1.6 检查内容

6.1.6.1 主桥检查内容

1)沥青混凝土桥面铺装

(1)检查泄水孔有无杂物,保持泄水孔畅通。

(2)检查并清除路面普通污染、路障和脱落的沥青混凝土碎石等杂物,防止其造成路面破损;必要时应对交通安全设施,如防撞栏杆、立柱、安全标志牌和暴露的钢结构表面等进行清洗,保证路面清洁,标志物或结构物轮廓清晰。

(3)检查路面是否存在化学品,如燃油、油漆的小范围滴漏污染,对上述现象应及时进行清洁处理。

(4)检查桥面沥青铺装层与钢结构接缝处密封黏结状况,若发现问题,应及时进行修复,防止雨水渗入。

2)钢箱梁的检查

(1)钢箱梁防腐涂层的检查

钢箱梁内外表面涂层的一般检查是通过对钢箱梁涂层的检查,详细记录涂层的损坏情况。根据检查结果,对照《铁路钢梁涂膜劣化评定　劣化评定》(Q/CR 731—2019)所列的各类涂膜劣化等级标准,若在1~2级范围内,即属于轻微的涂层损坏,可不进行涂装维修,但一定要做好巡检记录,以备下次巡检时,检查其损坏发展情况;对于2级及以上的涂膜损坏,需向上级部门汇报,提出处理建议。

巡检通过目测、手摸、借助放大镜等手段,对钢箱梁油漆表面质量状态、损坏情况进行检查。要特别注意对焊缝、钢箱梁与引桥连接处及检修车轨道等容易忽略的部位做认真观察。每次巡检可任选6~7个梁段进行检查,要求通过每一年度的巡检,能将所有梁段均检查到。在巡检过程中,不得做涂膜破坏性检查。

(2)钢箱梁焊件及高强度螺栓的检查

钢箱梁内的检查和处理:检查箱内、肋内有无积水,如有应及时排放;检查箱内钢构件和线缆是否有损伤,发现问题应及时修补和涂装。关键位置焊缝检查:

①锚箱承锚板与承力板间的角焊缝。锚箱是斜拉桥的重要构件,它主要承受以拉为主的高变荷载,为防止该焊缝降低承锚板的抗疲劳能力,应加强对此焊缝的检查。

②承力加劲板与斜腹板的角焊缝。该处焊缝受力情况与①类似,因此应经常检查承力板有无异常。

③桥面板与横隔板的双侧角焊缝。该焊缝除承受静载、动载的应力,还承受车轮的局部轮压作用,车轮每通过横隔板一次,横隔板两侧的角焊缝均承受一次交变应力,故应检查此焊缝。

④桥面板与U形肋的角焊缝。横隔板两侧各1m的范围内,桥面板与U形肋间的角焊缝,在车辆通过横隔板前后,U形肋与桥面板间焊缝的应力也经历一次交变过程,特别是慢车道,车辆轴重大。因此,包括U形肋嵌补段在内的所有焊缝均应加强观察。

⑤桥面板与桥底板的纵向对接焊缝。桥面板纵缝承受车辆的局部荷载,桥底板承受由静载和动载引起的主拉应力,如遇焊接缺陷,易引起焊缝开裂,应注意做好观察检查。

⑥桥面板的焊缝应结合桥面沥青铺装层出现的裂缝进行检查。当沥青铺装层出现裂缝时,相应对裂缝发生区域的焊缝,尤其对桥面板与U形肋焊缝进行仔细检查。

⑦钢箱梁内部的除湿系统应保证运转完好,保持钢箱梁内的干燥,尽量延缓和避免钢箱梁内部锈蚀的发生。

⑧高强度螺栓是否锈蚀、松动、断裂。

3)斜拉索的检查

斜拉索检查主要检查索套、锚具和钢索。

(1)检查拉索表面缠包的PVF胶带和螺旋线,防止由于PVF胶带破损影响拉索的耐久性。

(2)上、下锚固区结构:检查相关钢构件表面剥落、锈蚀、变形情况。

(3)按顺序逐个检查梁端锚具和锚箱的情况,检查锚具是否生锈,锚内是否有水流出。

(4)检查外置式阻尼器是否出现锈蚀,焊缝是否出现裂纹,连接螺栓和橡胶防护圈是否牢固。

(5)对拉索的振动进行观测,观察斜拉索振动是否明显(特别是在大风、下雨时),内、外置式阻尼器是否损坏失效。

(6)应逐束检查斜拉索PE护套是否开裂、断裂、鼓胀及变形,PE护套是否从接长筒内拔出,并做好标记和记录。重点检查拉索表面缠包的PVF胶带和螺旋线,防止由于PVF胶带破损影响拉索的耐久性。

(7)按顺序逐个检查塔端锚具及钢锚梁外观情况。检查锚具是否渗漏水、锚头是否生锈,钢锚梁是否有表面裂纹以及是否有锈水流出痕迹,做好标记和记录;按顺序逐个检查梁端锚具和锚箱的情况,检查锚具是否生锈,锚箱内下锚头是否干燥、是否有水流出。

(8)对拉索导筒内置式阻尼器进行一次开筒检查。主要检查阻尼器楔块的紧固情况、防护网罩的焊接情况、防护罩的紧固情况等。

(9)在风、雨天气检查斜拉索是否发生涡振和驰振、是否发生风雨振;内、外置式阻尼器是否损坏失效。

4)主塔的检查

(1)检查主塔横梁、钢锚箱平台等有无尘垢、杂物、积水,是否清洁。

(2)钢锚箱室内是否有渗漏、积水,通风设备是否完好。

(3)主塔中设置的各预埋铁件等有无缺漆、脱落、锈蚀、脱焊、松动或缺损。

5)主桥附属设施的检查

(1)支座:检查支座位置的偏差是否超过容许值;锚螺杆有无剪切变形;螺母有无松动;各紧固件有无锈蚀;活动支座是否灵活,其位移量是否与预期值相符。检查支座的金属构件,如锚固螺栓、上下座板、上下盆等是否锈蚀,一旦发现锈蚀,应及时除锈并涂刷油漆。

(2)伸缩缝:检查橡胶胶皮有无老化、脱落和凹槽内有无硬物填入而不能自由伸缩,以及与主结构连接部件是否破坏、伸缩缝处桥面是否破损。

(3)检查钢护栏、灯柱等是否锈蚀,部件缺损。使栏杆经常保持完好状态,水平杆件要能自由伸缩,如已损坏应及时更换。经常对这些构件刷漆养护,发现油漆有麻点、脱皮时,应重新进行油漆。

(4)标志或标线会随着时间的推移而损坏或磨耗,应定期检查并及时重新涂刷,以使其保持明亮,让行人和驾乘人员有安全感,减少交通事故。

(5)在主塔顶部设有航空障碍灯,应经常检查航空障碍灯是否有效工作,如发现灯具损坏,则应及时更换。

(6)航道标志包括在主梁侧面悬挂载有通航净空数据的标志牌和主航道的航标。应经常检查并保持这些标志牌上的字迹清晰可辨。

6.1.6.2 南滩桥和南、北引桥检查内容

(1)桥面铺装:是否平整,有无破损,桥面是否清洁。

(2)桥面泄水孔:是否排水畅通,有无破损。

(3)伸缩缝:是否堵塞卡死,有无杂物,连接件是否松动,两侧混凝土是否完整。

(4)混凝土墙式护栏:有无撞坏、断裂、缺损、松动、缺件、锈蚀。

(5)钢护栏:钢构件有无油漆脱落锈蚀、缺失,锚固螺栓有无松动、失效。

(6)翼墙(侧墙、耳墙):是否开裂、风化剥落和异常变形。

(7)锥坡、护坡、桥台:是否局部塌陷、缺损,有无垃圾堆积、杂草丛生。

(8)桥墩是否冲刷、损坏。

(9)标志、标线是否完整。

6.2 定期检查

定期检查是指按照规定周期,对桥梁主体结构及其附属构造物的技术状况进行定期跟踪的全面检查,评定桥梁技术状况等级。它是桥梁养护管理系统中采集结构技术状况动态数据的主要工作,并为评

定桥梁使用功能、制订养护维修计划提供基本数据。定期检查分为常规定期检查和结构定期检查两个层次。

6.2.1 常规定期检查

6.2.1.1 说明及一般要求

（1）常规定期检查是养护管理单位对设施完好情况、设施结构安全状况、设施当前存在的主要问题进行全面检查。主要是针对设施结构当前的缺陷、结构技术状况动态数据及日常养护实施的效果的全面检查。

（2）Ⅰ级的桥梁定期检查周期不超过1年，Ⅲ级的桥梁定期检查周期不超过3年。须以书面报告形式及必要的影像资料，对设施的运行技术状况做出评定。

6.2.1.2 检查要求和方法

（1）常规定期检查应由专职桥梁养护工程技术人员或实践经验丰富的桥梁工程技术人员负责，并应对每个独立单元制定相应的常规定期检查计划和实施方案，必要时可委托专业检测单位共同参加。

（2）检查前应制订相应的检查计划和实施方案。检查完毕后，应提供完整的检查报告。

（3）常规定期检测以目检为主，并宜配备照相机、裂纹观测仪、漆膜测厚仪、探查工具及现场辅助器材等必要的仪器设备。

（4）检查时应注意及时校对桥梁卡片和填写"桥梁定期检查记录表"，记录各部件缺损状况并做出技术状况评定。检查中发现损坏严重、危及结构安全或难以判断其损坏程度和原因的其他严重问题时，要及时上报桥梁运营管理单位，提出进行特殊检查的要求，并采取相应的处理措施。

6.2.1.3 检查内容

1）桥梁外观检查

（1）桥面系检查

①检查桥面铺装有无严重的裂缝、鼓包、车辙、表面外伤等现象。

②检查钢构件护栏有无撞坏、缺件、油漆剥落、锈蚀、螺栓松动等现象。

③检查桥面有无积水，泄水管是否完好、畅通，桥头排水功能是否完好。

（2）钢箱梁检查

①对钢箱梁涂层表面质量状态、损坏情况进行检查。检查钢箱梁涂层有无粉化、起泡、裂纹、脱落、生锈等劣化情况，对钢箱梁的隐蔽部位要认真检查。在检查过程中不得对涂层做破坏性试验。

②检查钢箱梁的焊缝是否完好、有无裂缝，钢箱梁有无锈蚀，特别是箱梁的隐蔽部位、构件易积雨水处，如桥两侧的泄水管与箱梁的连接处等。检查钢箱梁内的转角部位、边纵腹板与顶板、底板的连接部位等是否有尘埃和盐引起的锈蚀。检查箱内是否积水，若出现积水应注意检查水源。

③检查高强度螺栓油漆是否脱落，是否锈蚀，是否松动、断裂。

④检查风嘴涂装是否脱落，表面是否出现锈蚀，焊缝处是否有裂纹。

⑤检查钢箱梁U肋与顶板、底板的焊缝连接有无裂纹、局部变形等现象。

⑥检查钢锚箱部位是否有由于疲劳而引起的裂缝，特别是应力集中区、交变应力区及锚箱部位。检查部位如发现焊接钢结构有裂缝，对有损伤裂缝的构件和焊缝等，应经常观察其发展情况，标上颜色，并对裂缝起讫位置、缝宽等情况进行详细记录，并及时报大桥养护施工单位。

（3）主塔检查

①检查塔身（包括横梁）有无内外混凝土裂缝、渗水、露筋和混凝土剥落现象，钢筋有无腐蚀。

②检查斜拉桥钢锚梁、钢牛腿支撑有无裂纹，拉索锚头等有无锈蚀；对油漆局部破损处及时修补。

③检查主塔墩（柱、横梁）有无异常的沉降、位移；检查塔内及塔身周围的检修梯、检修平台是否

可靠。

④主塔检查的重点部位：受力较大的中塔柱，主塔锚固区混凝土的受拉部位及主塔根部，横梁及梁、塔连接部位；特别强调1～3号斜拉索主塔锚固区域的混凝土。

(4)预应力混凝土箱梁检查

①应对箱梁内外进行检查，主要检查有无裂纹、漏水、缺损、锈蚀。先检查箱内结构(顶板、腹板、底板、横隔板)，再对梁底、箱梁外侧进行检查。

②主要检查梁跨中、支座、变截面处的混凝土开裂和钢筋锈蚀等缺损状况，跨中挠度是否过大，承载能力有无明显下降；接缝混凝土有无开裂和锈蚀现象，箱梁中是否积水。

③检查预应力锚固区段混凝土有无开裂、沿预应力钢筋的混凝土表面有无纵向裂缝。

④检查主梁梁段接缝处的密封情况，如发现渗漏应及时采取修补措施。应借助一些精密度较好的专业设备进行检查。

⑤检查预制箱梁横向联结构件是否开裂。

(5)钢-混凝土结合段检查

主梁钢-混凝土结合段是由钢构件和混凝土构件连接构成，故此混合结构的维修、检测原理和方法与钢箱梁和预应力混凝土箱梁结构相同，应分别参照钢箱梁和预应力混凝土箱梁的检查内容。同时在检查过程中应观察钢箱梁与预应力混凝土箱梁接缝处截面是否开裂，一旦发现开裂，应进一步检查预应力筋病害，避免造成预应力不足。

应检查钢-混凝土结合段位置桥面铺装处有无裂缝、桥面平整度是否异常等。

(6)支座检查

主要检查支座功能是否完好，组件是否完整、清洁，有无老化、变形、锈蚀、断裂、错位和脱空现象。上下座板与梁身、支座垫石相互之间是否密贴，支承垫石是否完好，是否有积水或堆积物等。具体检查内容如下：

①对板式橡胶支座应重点检查橡胶支座是否老化、变形，支承垫石有无积水和不正常的剪切外鼓变形，支座与梁身、支承垫石间是否密贴。

②盆式橡胶支座的固定螺栓有无剪断，螺母是否松动，电焊是否开裂，聚四氟乙烯滑板位置是否正常。

③检查主桥、南滩桥球形钢支座表面油漆是否出现病害，防锈油脂是否老化结块，检查支座的锈蚀程度；支座与主梁的连接状况。

(7)桥墩台检查

①检查墩台有无撞损、裂缝，混凝土有无剥落、空洞、钢筋是否露出、锈蚀等。

②水中桥墩基础是否发生不许可的冲刷现象，应定期检查桩基处河床高程，尤其在洪水季节应防止冲刷过深。

(8)伸缩缝检查

①普通毛勒伸缩缝检查：主要检测伸缩缝的横桥向有无错位，伸缩缝有无拉开或抵挤现象，联结两端的平整度是否满足要求，能否行车平顺，其设施是否完善，能否满足使用要求；检查伸缩缝之间是否有异物，是否影响梁体的自由伸缩；伸缩缝内橡胶带是否破损。

②DS-2080型、DS-1600型毛勒伸缩缝检查：目视检查橡胶密封条是否腐烂、老化、破损、脱落现象，滑动件表面是否有磨损、表面损坏、腐蚀等病害，滑动支承及滑动弹簧是否在正确位置、是否损坏、有无龟裂，支承结构(包括支承梁、中间梁及其连接部件)是否有裂缝、是否松动，伸缩缝边梁与路面铺装层的连接是否完好，伸缩缝上表面是否损坏。

(9)照明设施检查

①检查交通信号、标志、照明设施、配电设施等是否损坏、老化、失效，是否需要更换。

②主塔内供养护检修的照明系统是否完好；桥上路用通信、供电线路及设备是否完好。

③联系专业单位对塔顶的航空障碍灯、避雷接地装置等进行定期检查,检查其是否损坏、失效。在每年3月份春雷来临之前测试避雷接地装置的接地电阻,并与设计值进行比较。

2) 线形测量

由于斜拉桥属于超静定的结构体系,一方面,它的每个锚固点坐标位置变化与偏离都会在不同程度上引起结构内力重新分配;另一方面,结构内力状态的变化必然会在结构的线形上体现出来。因此对线形进行定期检测对于了解桥梁结构状态的变化尤为重要。线形测量主要测试如下3个方面的内容。

(1) 主塔偏位:主塔偏位观测采用坐标法。在桥塔的顶部和塔梁结合部布置棱镜。在夜间气温恒定的状态下,用全站仪读出棱镜的三维坐标,测定塔柱的变位幅度大小和变位规律。定期检查,每半年检查一次,测试数据主要是为了复核监测系统的数据。

监测系统采用置于塔顶的卫星定位系统(GPS)测点和布置于塔柱中部倾角仪相结合的方法测量。在南、北两桥塔的塔顶各布置一个GPS测站,对桥塔塔顶的变形进行监测;在每个主塔上横梁处分别布置2个倾斜仪,全桥共4个倾斜仪。

(2) 主塔沉降变形:主塔沉降变形采用将全站仪置于岸上,后视岸上高程基准点,再对准在主塔桥面附近的固定测点,读出高程差,即可计算出测点高程并与前次观测数据对比得到主塔的沉降变形,定期检查,每半年检查一次。

(3) 主梁竖向挠度变形:包括斜拉桥主梁及南滩桥连续梁桥段。桥面线形可直观地反映桥梁的安全状态,测试断面为墩顶、各跨跨中及主跨其他关键部位,布置在主梁两侧,用精密水准仪从基准点(塔梁结合部)引测。定期检查每半年检查一次,主要测试数据是为了复核监测系统的数据。

监测系统竖向挠度变形采用封闭式连通管测试系统监测,在斜拉桥段主梁处布置。封闭式连通管测试:通过测量液体压力来推算测点到液面的相对高差。主梁共安装38个连通管垂直位移监测仪,4个供水箱设置在南、北主塔内。

3) 索力测量

索力测试采取直接测试与间接测试相结合的方式。选取在5根斜拉索内的钢丝上安装专用的光纤光栅应变传感器,采用测力环监测。为防止斜拉索索力突然变化引起其他结构构件内力重分布或斜拉索本身提前断裂,索力测试采用频谱法原理定期进行斜拉索索力检查,每半年检查一次。检测数据与实时在线监测数据进行对比,全面掌握斜拉索索力的分布变化规律。

4) 主桥及南滩桥动力特性测试

采用压电式加速度计监测结构振动。

5) 河床冲淤变化的观测

对桥梁桥墩、基础冲刷、河床断面的变化、主河道的变迁以及流速、流量等情况进行观测,并与当地水文站建立固定联系。重点观测104号、105号、106号主墩周边的冲刷对基础受力的影响,发现问题及时与相关单位沟通。

(1) 桥梁水域范围:桥轴线上游4000m,下游3000m处两岸连线之间的水域为大桥水域。

(2) 测量项目。

①水下地形测量:在桥区水域范围内,按1∶500或1∶1000比例尺成图要求施测。

②固定断面测量:在桥梁中线及上游30m、下游50m各布设一个断面,按1∶1000比例尺成图要求施测。

③桥墩局部冲刷变化测量:在主103～106号墩周围50m或100m(根据桥平面墩尺寸调整)水域范围内,按1∶500比例尺成图要求施测。

④表面流速流向测量:在主103～106号墩范围内,在施测水下地形的同时进行观测。

(3) 测量时间。

桥梁建成后3年内,每年汛前一个月以及汛后各施测一次,以后根据冲刷情况,适当延长测量周期,掌握基础处河床冲刷情况。如遇特殊水文年(特大洪水年、最枯水文年及受人工控制对河床变化产生重大影响等)应适当增加测次。

(4)河床冲淤变化的观测要求按有关规定执行。观测范围为主桥全长,了解以基础轴线为中心、桥梁水域范围内的冲淤变化,每次测量后应做好记录。当地面线低于设计最低冲刷线时应及时向原设计单位和大桥管理所报告。

(5)每年对桥位两岸上、下游坡脚及防护工程进行检查,坡脚发生局部坍塌破坏时及时抛压片石防护,护坡发生破损时及时修复,并填写附表19"护岸工程定期检查记录表"。

(6)水位观测。

在大桥103号和104号主墩上游岸侧设一组水尺,在枯水期(11~12月,1~4月)每日观测1次,出现缓慢峰谷时,应在20:00时增测1次;洪水期(5~10月)每日观测3次,水位急剧涨落时期,还需适当增加测次。

观测资料应说明:日期、最高水位、河床断面、冲刷深度,以及是否有冲损、倾斜、沉降等。

(7)水污染的观测。

因桥塔及多个桥墩常年处于水中,一旦此范围内有污染水源,就会对桥梁基础产生一定的浸蚀,影响桥梁基础的牢固。因此,养护人员平时应注意周围有无污染水源,对一定范围内水质进行物理与化学测试,防止不良水质浸蚀桥梁基础。

6)环境监测

(1)环境监测的目的

全面及时掌握大桥沿线污染动态,了解邻近地区环境质量变化,为施工单位对营运期环境管理制定科学决策提供依据。

(2)监测项目与频率

石首长江公路大桥环境监测项目包括:大气环境(总悬浮颗粒物 TSP)、声环境(环境噪声)、地面水环境(悬浮物 SS、化学需氧量 COD、5日生化需氧量 BOD_5、石油类)等。环境监测频率:大气和噪声监测每年一次;水质监测根据实际情况可按不同时期(枯水期、丰水期、平水期)安排检测。

环境监测委托具有相应资质的单位完成。

(3)监测结果分析

根据各项监测结果及时进行环境影响分析,并以环境监测报告为依据,有针对性地采取相应措施,合理有效地保护环境,使整个工程在营运期有一个良好的环境质量。

6.2.1.4 常规定期检查提交文件

(1)桥梁定期检查数据表:当天检查的现场记录,应在次日内整理成桥梁定期检查数据表。

(2)典型缺损和病害的照片及说明:缺损状况的描述应采用专业标准术语,说明缺损的部位、类型、性质、范围、数量和程度等。

(3)总体照片:桥面正面照片、桥梁上游侧立面照片。照片分别按照主桥、南滩桥、引桥、高架桥及匝道进行分类。

(4)桥梁基本状况卡片:定期检查完成后,应将本次检查的桥梁各部件技术状况评定结果登记在桥梁基本状况卡片内。

(5)定期检查报告:定期检查报告应将每次检测数据与第一次检测值、荷载试验测试值、计算值进行比较分析,得出分析量值变化的趋势及原因。参照《公路桥涵养护规范》(JTG 5120—2021),对桥梁的技术状况做出评价。

6.2.2 结构定期检查

6.2.2.1 说明及一般要求

(1)结构定期检查是对结构状况、结构的性能与承载能力,寻找已存在或隐含的缺陷部位所进行的专业检查。

(2)结构定期检查的周期根据技术状况确定,最长不得超过 3 年。如果经常检查中发现重要部(构)件缺损达到三类技术状况时,应立即安排一次结构定期检查,同时核实重要部件的病害。

(3)结构定期检查应由相应资质的专业单位承担,检查单位须制订详细的方案并由行业管理主管部门审批,结构定期检查负责人应有 5 年以上专业工作经验。

6.2.2.2 检查要求和方法

(1)结构定期检查:采用专用设备对结构进行检测,检测可采用表面检测、无损检测、局部取样试验及荷载试验方法。试样应在代表性构件的次要位置选取,结构或部件的材性试验应委托具有专业检测资质的单位实施。

(2)结构定期检查,应查阅历次检测报告和常规定期检查中提出的建议,根据常规定期检查结果,深入进行设施构件的检查,通过材料取样试验确认材料特性、退化的程度和退化的性质,分析确定病害的原因,以及对结构性能和耐久性影响。

(3)结构定期检查应有执行检测单位设计的专门检测记录表格。用于现场的病害记录、现场记录表格至少应包括构件状态评定、构件缺陷记录、特殊构件信息和照片记录与描述等内容。

6.2.2.3 检查内容

结构定期检查内容以常规定期检查结果为基础,采取较深入的检查手段,进行较全面的病害和退化的状况与原因分析,重点检查主塔及主塔锚固区(钢锚梁、钢牛腿、井字形预应力)、斜拉索、钢箱梁、钢锚梁、钢-混凝土结合部位、混凝土箱梁、主桥、南滩桥球形钢支座等。

6.2.2.4 结构定期检查提交文件

所有现场记录资料以及结构定期检查报告,应以电子文档和书面形式提交给大桥养护施工单位。结构定期检查报告应包括下列内容:

(1)记录当前桥梁状态,以用于将来参考,详细描述重要缺陷性质和程度。
(2)结构定期检测的方法和评价结论。
(3)结构使用限制,包括荷载、速度、机动车通行或车道数限制。
(4)养护、维修、加固措施。
(5)进一步检测、试验、结构分析评估及建议。

6.3 特殊检查

特殊检查是指在特定情况下对桥梁技术状况进行鉴定,以查清桥梁的病害原因、破损程度、承载能力或抗灾能力等。特殊检查应由工程施工单位委托有相应资质和能力的单位实施。特殊检查应采用仪器设备,通过检测或试验的方法,并结合理论分析,对桥梁的缺损状况、病害成因、承载能力或抗灾能力做出科学明确的判定,并根据检测结果提出针对性的维修、处治措施与建议。桥梁健康监测是指对已维修加固的桥梁或已发现存在安全隐患可能影响桥梁安全运营的桥梁进行定期检测,属于桥梁特殊检查。

6.3.1 说明及一般要求

(1)特殊检查由桥梁运营管理单位组织。根据相关法规规定采用招标或指定有资质、有经验的检测单位检查的方式进行。

(2)特殊检查应根据桥梁的类型、破损状况和性质,采用适当的仪器设备,以及现场勘探、试验等特殊手段和科学分析方法,查明桥梁的破损情况和承载力,确定桥梁的技术状况,找出破损和病害原因,以便采取相应的加固、改善和修复措施。

(3) 在下列情况应进行特殊检查：
①定期检查中难以判明构件损伤原因及程度的桥梁。
②拟通过加固手段提高荷载等级的桥梁。
③需要判明水中基础技术状况的桥梁。
④遭受洪水、流冰、滑坡、地震、风灾、火灾、撞击，因超重车辆通过或其他异常情况影响造成损伤的桥梁。
后面3种情况需进行专门检查。

6.3.2 检查要求和方法

(1) 特殊检查应根据桥梁的破损状况和性质，采用仪器设备进行现场测试、荷载试验及其他辅助试验，针对桥梁现状进行检算分析，形成鉴定结论。

(2) 特殊检查的技术要求较高，承担者必须拥有相应的仪器设备、试验分析手段，具有较深厚的专业知识和判断结构工作状态的丰富经验，因此在资质方面应有所要求。关于承担单位的资质审查、委托方式，应按国家交通主管部门的相关规定执行。

(3) 实施专门检查前，承担单位负责检查的工程师应充分收集资料，包括设计资料（设计文件、计算所用的程序、方法及计算结果）、竣工图、材料试验报告、施工记录、历次桥梁定期检查和特殊检查报告，以及历次维修资料等。

6.3.3 检查内容

6.3.3.1 专门检查

(1) 充分收集桥梁的有关资料，包括计算书、设计图、竣工图、材料试验报告、施工记录、养护维修档案、历次桥梁定期检查和特殊检查报告等。

(2) 对桥梁做全面检查，对各部位病害损伤全面观察了解，测试结构构件材料组成及性能，勘查地质情况。

(3) 做桥梁结构检算，应按实际断面尺寸及缺损状况、材料的实际强度和弹性模量、地基实际容许承载力进行计算。

(4) 进行静力荷载试验，应按设计荷载或控制性车辆荷载，并计以冲击系数的结构效应作为最大试验荷载，同时量测结构控制截面和约束部位的位移、应变和裂缝等结构力学性能参数。将实测数据与计算值或规范值进行比较，当各项实测数值均小于或等于规定值时，一般可认为结构承载能力满足使用荷载要求。

(5) 进行动力荷载试验，量测结构动力响应，分析计算结构自振频率和受迫振动性能，评定结构动力性能是否满足行车和行人安全、舒适的要求。

6.3.3.2 应急检查

1) 火灾过后的检查

若因行驶在桥上的油罐车或其他运载易燃物品的车辆发生意外等一系列原因引起火灾，火灾过后，一定要做仔细检查，查清火灾原因，确定受火灾影响的范围和部位。检查的主要内容如下：

(1) 火灾影响范围内的桥面、伸缩装置及主梁是否受损。

(2) 火灾影响范围内的各根斜拉索及其有关连接件是否受损，斜拉索索力有无明显变化。

(3) 如果火灾发生处距斜拉索较近，则须检查斜拉索防腐层有无明显变化。若斜拉索的防腐层损坏严重，还要进一步查看斜拉索的钢丝是否也受到损伤。

(4) 查看桥面中央分隔带或其他部位的通信及照明管线是否有效。

(5) 健康监测传感器电路的灾后检查。

2)风灾后的检查

石首长江公路大桥使用阶段设计基本风速 v_{10} 为 29.0m/s(重现期 100 年)。当气象部门发布有大风和台风消息时,保持与气象部门的紧密联系,在桥上安装风速风向观测仪,自动记录风速-时间变化的历程曲线,收集最大风速、风向和风力攻角资料。通过在主塔塔顶安装位移传感器测量主塔偏移,记录塔顶偏移的时间历程。

风灾过后,仔细检查桥面伸缩缝是否开裂,是否产生不可恢复的变形。

主塔有无不可恢复的偏移、斜拉索有无松弛、斜拉索两端锚具有无明显变化、拉索表面缠包 PVF 胶带和螺旋线有无破损,以及上、下连接松动脱落及减振系统的受损情况。

检查各支座及纵向阻尼器是否处于正常位置及完好状态。

应仔细检查桥上各种照明设备,如景观照明灯、塔内照明设施、航空障碍灯、避雷设施、安全标志等是否完好有效。

3)地震后的检查

(1)地震过后要认真检查桥梁各部位的完整性。检查结合部位是否完好(尤其是主梁钢-混凝土结合段),钢箱梁是否有损伤,各类支座是否偏离原位或遭到损坏,主塔有无损坏,锚具本身与斜拉索连接是否完好,内、外置式阻尼器是否受损,照明线路及其他电器设施是否完好。

(2)检查本桥的防震设施是否完好。

4)船舶或漂流物撞击后的检查

(1)调查肇事船舶的吨位、撞击速度、方向和高度,估算撞击力的大小。根据估算的撞击力对整体结构进行空间分析,判断结构整体有无功能降低迹象。

(2)用肉眼观察受撞区域的损伤状况。混凝土表层有无破碎,是否有构造或受力钢筋暴露出来。如有破碎,应对破碎范围大小、程度做出描述。

(3)用无损探伤仪器对被撞区域进行无损探伤,判断混凝土内部是否产生损伤。

(4)用脉动方法测定主塔墩动力特性的变化,所测基频的阶次尽可能高,结合相应振型来判断主塔墩受撞后的损伤程度。

发生各种事故后,除了进行以上所列的检查外,还应对结构进行检算,确定结构的使用功能是否仍能满足要求。此项检查技术复杂,需要较丰富经验,应由专门机构承担并给出报告。

6.3.4 鉴定与报告内容

(1)桥梁特殊检查应根据需要,对以下 3 个方面问题做出鉴定:

①桥梁结构材料缺损状况,包括对材料物理、化学性能退化程度及原因的测试鉴定;结构或构件开裂状态的检测及评定。桥梁结构材料缺损状况鉴定,可根据鉴定要求和缺损的类型、位置,选择表面测量、无破损检测和局部取试样等有效可靠的方法。试样应在有代表性构件的次要部位获取。

②桥梁结构承载能力,包括对结构强度、稳定性和刚度进行检算、试验和鉴定。

③原设计条件已经变化的,所有鉴定均应针对当时桥梁的实际状况,不能套用原设计的资料数据。

(2)特殊检查的检查报告可根据试验任务书或委托合同的具体要求来编写,应包括以下内容:

①概述检查的一般情况,包括桥梁的基本情况、检查的组织、时间、背景和工作过程等。

②描述目前的桥梁技术状况,包括现场调查、试验与检测的项目及方法、检测数据与分析结果和桥梁技术状况评价等。

③详细叙述检查部位的损坏程度及原因,并提出结构部件和总体的维修、加固或改建的建议方案。

第7章 运营期桥梁健康与安全监测系统

7.1 桥梁健康监测的目的及意义

桥梁环境、桥梁结构和桥梁荷载是导致结构安全变异的内外因素,桥梁结构响应信息和桥梁损伤(病害)信息是外因通过内因发生作用的直接结果,判别桥梁安全状态的信息都包含在这两类信息中,但它们是局部的、离散的或者隐含的。只有通过桥梁安全状态的评估,才能从损伤和响应信息中抽取桥梁评估信息,综合判断结构安全状态的变异与否。

(1)在对监(检)测信息进行综合评估的基础上获得行车和结构的双重安全状态信息,为结构高质量的安全、高效、经济运营提供成套技术支持。

(2)能辅助和补充完善大桥常规的人工定期检测方法,提高对大桥在各种环境和运营荷载作用下的结构性能的认知程度,查明不可接受的响应原因,对大桥做出正确的损伤诊断和损伤定位,为大桥的日常维护和运营管理提供依据,以期实现合理、经济的维修计划,使大桥实现经济、安全运营,并尽量简化操作程序,便于大桥管理人员掌握和管理。

(3)在大桥经历了特大交通及自然荷载事故(如台风、地震、车船撞击等)后,确定结构的薄弱位置及重点检查部位,提出及时和针对性的维修和管养建议。

7.2 石首长江公路大桥结构健康监测系统简介

石首长江公路大桥结构健康监测系统(简称大桥健康监测系统)的设计及实施工作,力求利用当代传感测试技术、风险管理技术、计算机科学技术、光电子信息技术、桥梁计算分析技术等最新科技成果,构建石首长江公路大桥运营期健康监测系统。通过该系统的使用,尽可能达到并延长设计期望的桥梁安全使用寿命,系统预期实现如下目标:

(1)坚持以"全寿命周期内的监管养护"为目标,针对性地建立石首长江公路大桥的数字化、信息化档案,服务于长江公路大桥运营期的监管养护工作。

(2)定制并规范桥梁全寿命期的养护维修,力求进行主动管养,辅助大桥管养者制定预防性、高效、经济、合理的养护措施,降低桥梁灾难性事故发生的概率,努力达到桥梁结构的设计基准寿命。

(3)及时"感知桥梁",尽早发现桥梁结构自身及行车所面临的危险状况,在桥梁结构危险萌芽阶段发出预警;有效监管运营期桥梁的结构使用状态及其发展趋势。

(4)收集桥梁自然及运营环境、结构响应参数,为类似结构设计、建设、养护技术的可持续发展以及桥梁安全监测国家及行业规范或标准的制定提供技术支撑和参考依据。

7.3 桥梁健康监测系统组成

石首长江公路大桥结构健康监测系统作为一个综合性系统工程,其核心任务是从大桥投入运营初始阶段开始实时监测大桥的运营环境、承担的交通荷载以及结构的核心代表性构件的响应,以及历次约定的巡检查出的桥梁构件表观的局部损伤等信息,在对桥梁历次监(检)测信息进行综合评估的基础上,定期获得行车和结构的双重安全状态信息,为结构全寿命期的安全、高效、经济运营提供成套技术支持,主要包括以下子系统:

1)自动化传感测试信号采集分析与控制子系统(简称自动化传感测试子系统)

其包括以下3大模块:

(1)传感器模块

该模块主要为监测元器件及其附属及保护设施,属于整个监测系统的最底层的一个子模块。主要功能:在桥梁代表性的、控制性、关键截面和部位上安装各种类型适宜的传感测试设备,其受控监控中心发出的指令拾取结构荷载源参数和结构响应参数。传感器"感知"这些参数幅值,并通过内置感应电路将这些参数值转换为电压、电流、电荷、电极、频率或数字等模拟电量或物理量,然后通过适宜的采集传输方式传给外场的数据采集和传输子模块中的采集板卡或调理器进行模数转换,完成信号数据采集。

(2)数据采集与传输模块

该模块由分布在全桥的多个数据采集站、光纤信号传输网络和支撑供配电子项组成。数据采集站采用行业内最先进的专业产品,以确保系统的稳定性、可靠性、耐久性和高精度。光纤信号传输网络采用光纤冗余环网拓扑结构,以保证信号传输的高度可靠性。

数据采集站采用工业级户外机柜,内部安装光纤网络交换机、供电电源、光缆熔接终端盒等多种产品。对所有的设备进行保护,同时内部提供智能温湿度控制功能和远程开关功能,当机柜内部温度高于35℃时自动启动降温功能。

该模块同时拥有电子采集传输硬件设备和采集传输控制软件。主要功能是通过该子系统的采集设备将传感器端传过来的模拟量信号进行模拟-数字转换(A/D),将采集到的电信号转换成计算机可识别的数字信号,并通过有线或无线网络输送到监控中心的数据处理和控制子模块。

系统通过石首长江公路大桥交通工程和沿线设施设计预留的主供电电缆供电接出点向本桥监测系统内各子监测项目监测点中各采集设备供电。

系统通过交通工程和沿线设施设计预留的主通信光缆向桥梁外场各采集机柜以及监控中心计算机控制设备发送指令,进行各监测设备的信号采集和传输控制。

(3)数据处理与控制模块

该模块包含监控中心计算机设备和相应的数据处理和分析软件。主要功能是由计算机系统完成信号数据的预处理、后处理、归档、显示和存储等数据管理;并通过网络设置和控制桥梁现场的各个数据采集站、调理器设备和传感测试设备的工作。主要包括数据处理与控制服务器、数据库服务器和动态称重系统服务器和配套的软件。

2)结构安全预警子系统

根据监(检)测数据定期进行桥梁状态发展趋势统计分析、桥梁内力状态评估、钢结构疲劳分析、结构整体动力特性分析以及风致振动特征分析等,对相关监测项设置阈值进行预警。

3)中心数据库子系统

是各子系统数据的支撑系统,完成全寿命期所有监(检)测静态、动态的资料、信息、数据的归档、查询、存储、管理和调用等工作。

4)用户界面子系统

以网站形式存在的Web运行程序,将桥梁全寿命期各种监(检)测静态、动态的资料、信息、数据按用户要求分类分级,按授权向不同用户展示,并且按授权接受不同用户对系统的控制与输入。中心数据库子系统以及用户界面子系统为辅助的软件管理和展示子系统。

大桥健康监测系统的4大部分,从空间考虑分置在大桥现场以及监控中心内,其中自动化传感测试子系统的传感器模块以及数据采集模块全部设置在大桥现场;而其余的数据处理和分析模块以及预警安全模块、中心数据库模块以及用户界面模块全部设置在大桥监控中心监控室内。

所以系统的硬件部分主要包括位于大桥现场的传感器模块和数据采集与传输模块,以及位于监控中心内的各子系统的服务器和工作站等。

7.4 桥梁健康监测系统常规检查及维护操作

桥梁健康监测系统包含的硬件种类比较多,包括电子、通信、电器等种类。为确保系统稳定可靠运行,需要对系统进行必要的维护和操作,对硬件系统的操作要依据不同硬件的特点进行。如需全面了解设备的详细参数和配置方法,请参阅对应的设备说明书或使用手册。

硬件分为监控中心设备和大桥现场设备。大桥现场设备包括传感器设备、数据采集设备、通信设备、供电设备及附属设备。监控中心设备包括位于监控中心的1套采集服务器机柜和工作站,以及内部安装的计算机和网络交换机等设备。下面分类介绍设备的使用方法。

7.4.1 传感器模块

传感器设备是系统的前端关键设备,本系统包括多种类型的传感测试元件:三向超声风速仪、螺旋桨风速仪、温湿度仪、位移计、压力变送器、单向加速度计、三向加速度传感器、索力加速度计、光纤光栅锚索计、光纤光栅温度计和光纤光栅应变传感器等,主桥测点见表7-1。

主桥测点一览表　　　　　　　　　　　　　　　　表7-1

序号	监测项目	传感器类型	单位	数量	备注
1	桥面风速、风向监测	三向超声风速仪	台	2	
2	塔顶风速、风向监测	螺旋桨风速仪	台	1	
3	雨量监测	雨量计	台	1	
4	地震及船撞监测	三向加速度计	台	2	
5	外部环境温湿度监测	温湿度仪	台	6	
6	钢箱梁内部温湿度监测	温湿度仪	台	24	
7	主梁挠度监测	压力变送器	台	30	
8	伸缩缝及支座纵向位移监测	位移计	台	8	
9	主塔空间变形监测	GNSS	台	2	
10	GNSS基准站	GNSS	台	1	
11	斜拉索振动与索力监测	锚索计(压力环)	台	32	
12		单向加速度计	台	24	
13	主梁及索塔振动监测	单向加速度计	台	28	
14	钢箱梁应力监测	光纤光栅应变计	台	60	
15	钢箱梁温度监测	光纤光栅温度计	台	16	
16	混凝土箱梁应力监测	光纤光栅应变计	台	24	
17	混凝土箱梁温度监测	光纤光栅应变计	台	8	
18	基础冲刷	—	台	1	人工定期测量
19	基础沉降	—	台	4	人工定期测量
20	合计			274	

大桥现场主要常规设备检查需求：

(1) 风场监测

维护需求：每季度检查一次叶片的转动情况，如果出现抖动或异常响声，需进行维修维护。不定期检查清理表面灰尘、杂物，检查连接线缆接头和固定螺栓是否牢固。禁止私自拆卸及维修。

(2) 压力变送器

维护需求：压力变送器水箱位于石首北侧左右幅塔壁（设置在塔内检修楼梯第三层左右高度处的塔壁上，左右幅各设置1个，共计2个），压力变送器水箱、水路要定期至少半年检查一次，水箱水位不可少于液位管的1/3；当水箱水位下降后一定要重新注入新的防冻液，选用防冻液冰点不能低于 $-20℃$；定期检查传感器接头阀门是否有漏液现象，如有漏液应及时用液态生料带密封。

(3) 位移计

维护需求：主桥共布设位移计8台，位于主桥两侧伸缩缝下面。位移计拉绳为传感器敏感元器件。由于大桥位置所处环境及传感器所处位置，应定期至少3个月对传感器外观检查一次，如遇故障应增加检查频率，直至故障排除；位移计安装于主梁两侧伸缩缝处，应定期检查安装位置是否有落石，定期对周边环境进行清理；位移计在检查或测试时，拉绳不可用力来回猛拉，以免损坏内部元器件，造成测试灵敏度失真。

7.4.2 数据采集模块

数据采集与传输是整个自动化传感测试子系统的中枢与关键，主要完成原始数据的获取与传输，是连接现场采集设备和监控中心应用软件的中转站，所以必须要求系统具有稳定性和可自修复性。针对石首长江公路大桥自动化传感测试子系统的监测项目、测点布置及传感器类型，根据传感器输出信号以及各类采集软件的开发需求，将其划分为4类，分别进行相应的数据采集。数据采集模块类型见表7-2。

数据采集模块类型 表7-2

序号	采集设备	传感器类型	通信接口和协议
1	加速度信号调理器	单向、三向加速度传感器、索力加速度传感器	TCP/IP、UDP、MODBUS
2	通用信号调理器	风速仪、温湿度仪、拉绳式位移计、压力变送器	TCP/IP、UDP、MODBUS
3	光纤光栅采集仪	应变计、温度计、锚索计	光学接口
4	雨量采集仪	雨量计	TCP/IP、UDP

主要常规设备检查需求：

1) 加速度信号调理器

当装置出现故障时，请按下列步骤操作：

(1) 合上装置的电源开关，若电源(Power)灯无显示，请检查电源开关和电源输入端子。

(2) 运行中若装置显示异常不能自动复位，可断电后重新上电。

(3) 开机超过20min后，仍接收不到卫星信号，请检查天线安装是否有不妥之处。

(4) 运行中如果Run1指示灯连续长时间不亮，表明装置未同步，请检查接线安装情况是否良好。

以上问题经过检查后，如果仍然不能解决，请与设备厂家联系。

2) 通用信号调理器

当装置出现故障时，请按下列步骤操作：

(1) 合上装置的电源开关，若Power灯无显示，请检查电源开关和电源输入端子。

(2) 运行中若装置显示异常不能自动复位，可断电后重新上电。

(3) 开机超过20min后，仍接收不到卫星信号，请检查天线安装是否有不妥之处。

(4) 运行中如果Run1指示灯连续长时间不亮，表明装置未同步，请检查接线安装情况是否良好。

以上问题经过检查后，如果仍然不能解决，请与设备厂家联系。

7.4.3 数据采集站

监测数据采集站机柜安装于主桥钢箱梁内,左右幅各3台,分别位于索塔塔梁交接处箱梁内、主桥跨中箱梁内。机柜内部安装了工业交换机、直流电源、断路器、防雷器等设备,机柜采用铝镁合金制作,具有耐腐蚀、防辐射等功能,并提供方便的安装配件,以安放仪器设备。机柜能够有效保护网络设备、电源及计算机设备,免受环境温湿度和腐蚀气体的影响。

采集站维护:定期检查机柜内部设备是否出现松动、锈蚀、脱落等。定期检查电路、空气开关、指示灯是否正常。

供电维护:由自动化传感测试子系统设计高效可靠的供配电设施,根据传感器布设方案数据采集与传输模块供配电采用分区域集中供电的方案,即在两塔下横梁抵押开关柜内分别配置了220V交流电接入点,开关柜有明显标识,无特殊事件勿随意断电。

7.4.4 数据处理与控制模块

数据处理与控制模块主要由位于监控中心的设备组成,其作为各种处理软件的载体,包括服务器和个人工作站等设备。

监控中心设计1台标准42U网络服务器机柜,位于监控中心机房内,用于安装服务器等设备。按照功能进行区分,上部用于安装断路器、熔接盒、交换机等设备,下部用于安装监测系统服务器设备。

共设计1台监控中心操作台,用于用户界面工作站。

监控中心供电维护:监控中心设备用电取自机房不间断电源,位于监控中心机房墙壁上的不间断电源(UPS)供配电箱内。其接入点已有预留并已做明显标识,无特殊情况下请勿断电。

7.5 桥梁健康监测系统日常检查及维护操作

硬件的日常操作主要是对系统的外场设备、附属设施以及内场监控中心设备进行检查和管理,保障系统处于正常运行状态。与大桥主体结构不同,大桥健康监测系统的故障具有偶发性和零散性的特点。因此,对传感器、数据采集与传输设备、供配电及电力监控设备、外场附属设备和设施、计算机设备、通信设备等设备的维护,主要是日常性的预防性检查和故障维护工作。

健康监测系统日常运行操作情况:工作人员记录整理监测系统界面数据,按时记录并上报一些日常基本数据,如环境温湿度、风力等,及时上报异常数据(包括故障点、报警位置及报警值等),按桥梁运营管理单位规定逐级及时上报;如遇特殊情况,及时联系系统厂家协助分析判断处理。

7.5.1 基本维护内容

(1)维修或更换故障设备和线路等。
(2)负责大桥健康监测系统各设备的清洁保养。
(3)负责大桥健康监测系统运行维护,按季、年、特殊事件出具相应的数据报告。
(4)委托专业单位进行结构状态评估分析,及时更新软件系统功能及计算模型。

7.5.2 基本检查维护频次

根据设备的特点,拟定设备检查维护频次表,建议按照表7-3~表7-5的间隔要求进行系统检查,检查内容参见以上章节内容。出现特殊情况,例如设备故障时应加大检查频次,直至故障修复。出现故障时建议按照固定格式填写故障记录,便于进行后期的修复和故障统计。

传感器设备维护频次 表7-3

序 号	设备类型	检查频次
1	风速仪、雨量计	三个月一次
2	温湿度仪	三个月一次
3	锚索计	三个月一次
4	应变计	三个月一次
5	温度计	三个月一次
6	压力变送器	三个月一次
7	单向加速度传感器	三个月一次
8	三向加速度传感器	三个月一次
9	索力加速度计	三个月一次
10	位移计	三个月一次

数据采集设备维护频次 表7-4

序 号	设备类型	检查频次
1	数据采集站机柜	每月一次
1.1	机柜本体	一年一次
1.2	风扇	半年一次
1.3	光纤光栅调理器	三个月一次
1.4	交换机	三个月一次
1.5	直流电源	三个月一次
1.6	电力监控模块	三个月一次
1.7	空气开关	三个月一次
2	数据采集设备	三个月一次

监控中心设备维护频次 表7-5

序 号	设备类型	检查频次
1	机柜	一年一次
2	服务器	每周一次,重点检查磁盘占用情况、CPU使用情况、内存使用情况
3	工作站	每周一次,重点检查磁盘占用情况、CPU使用情况、内存使用情况
4	交换机	每月一次

注:以上检查频次是在系统正常运行情况下的建议检查周期。当出现故障点或数据报警时,应在24h内进行硬件设备检查,确认故障后及时进行修复,保证系统处于良好的运行状况。系统记录的结构状态数据尽量连续。

7.6 电子化人工巡检

7.6.1 桥梁巡检信息导入

点击桥梁巡检下的病害数量按钮,右侧对应显示石首长江公路大桥的历史病害数量统计以及巡检记录列表,点击顶部导出按钮,将图形和列表导出为 Excel 文件(图7-1)。

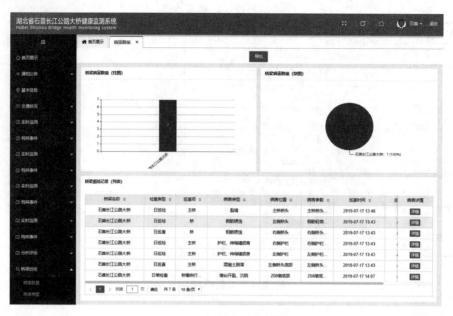

图 7-1　桥梁巡检信息导出

7.6.2　桥梁巡检信息查询与统计

点击桥梁巡检下的病害类型,显示石首长江公路大桥的病害类型柱状图统计、饼状图统计(图 7-2、图 7-3)以及数据列表,选择时间段点击查询,显示对应时间段的查询结果。

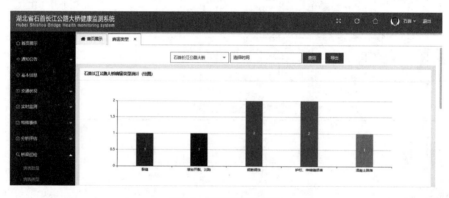

图 7-2　病害类型柱状图

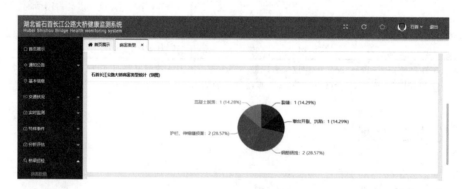

图 7-3　病害类型饼状图

点击左上角的模版下载按钮,将模版下载到本地,根据模版整理数据,点击批量导入按钮,选择整理好的文件,点击上传,列表刷新,数据记录添加到列表中(图 7-4)。

图 7-4 巡检记录数据列表

点击左上角的新增按钮,在弹出框内输入信息点击保存,页面刷新,列表新增一条记录(图 7-5)。

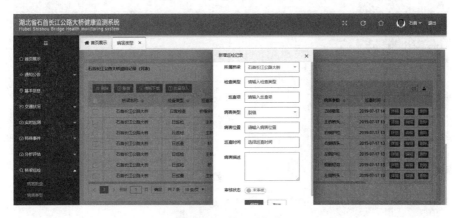

图 7-5 巡检记录新增

选择列表中的某条记录,点击后面的编辑按钮,在弹出框内修改需要的信息,点击保存(图 7-6)。

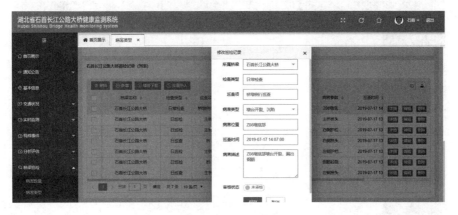

图 7-6 巡检记录修改

选择需要删除的某条或者多条记录,点击左上角的删除按钮,弹出提示框,点击确定,列表刷新,记录消失(图 7-7)。

点击某条记录后面的详情按钮,弹出巡检出对应病害的现场图片(图 7-8)。

7.6.3 桥梁技术状况评定

点击分析评估菜单下的定检评估按钮,右侧显示石首长江公路大桥评分列表,根据需要选择不同的等级和录入的时间范围,列表刷新显示查询结果,右侧有对应的打印和导出按钮(图 7-9)。

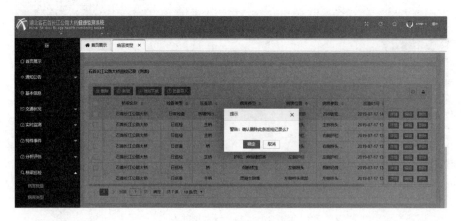

图7-7　巡检记录删除

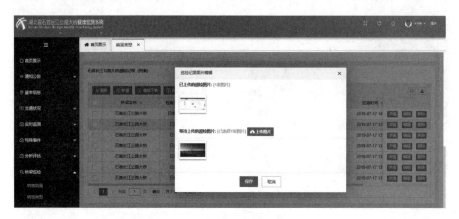

图7-8　巡检记录详情

图7-9　技术状况评定(列表)

　　点击左上角的新增按钮,在弹出框内输入信息点击保存,页面刷新,列表新增一条记录(图7-10)。

　　选择列表中的某条记录,点击记录后面的编辑按钮,在弹出框内修改需要的信息,点击保存,列表刷新,信息修改成功(图7-11)。

　　选择需要删除的某条或者多条记录,点击左上角的删除按钮,弹出提示框,点击确定,列表刷新,记录消失(图7-12)。

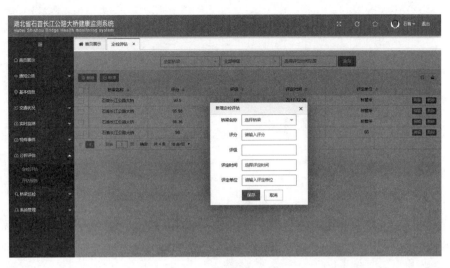

图 7-10 技术状况评定(新增)

图 7-11 技术状况评定(修改)

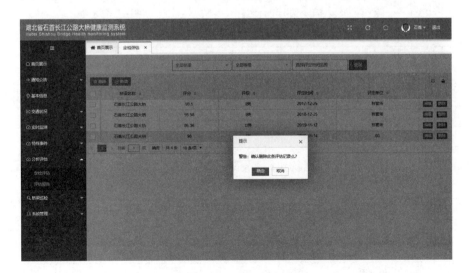

图 7-12 技术状况评定(删除)

第8章 桥梁检测项目的编码、内容、方法及周期

桥梁管养单位应完善石首长江公路大桥"桥梁基本状况卡片"（附表1），将有关信息输入数据库，建立永久性档案。

8.1 桥梁检测项目编制说明

8.1.1 编制目的

根据本养护指南详细汇总桥梁检测项目，测算桥梁年度检测经费，为桥梁年度检测提供参考依据，提高桥梁的管理标准化水平。

8.1.2 编制要求

根据桥梁施工图设计文件，主桥养护划分为北引桥、主桥、南滩桥、南引桥，共4个养护分部。

8.1.3 编制说明

1）项目编号

桥区编号 + 检查部位编号 + 部/构件编号 + 序号。

(1) 桥区编号（X）：一位，按照养护分部进行编码。桥区编码说明见表8-1。

桥区编码说明　　表8-1

序 号	桥区名称	编 码	代 码	备 注
1	北引桥	1	BYQ	
2	主桥	2	ZQ	
3	南滩桥	3	TQ	
4	南引桥	4	NYQ	

(2) 检查部位编号（XX）：两位，根据桥梁组成和检测要求分类。检查部位编码说明见表8-2。

检查部位编码说明　　表8-2

序 号	检查部位	编 码	代 码	备 注
1	上部结构	01	SB	
2	下部结构	02	XB	
3	桥面系	03	QM	
4	附属设施	04	FS	
5	综合检测	05	ZH	

(3)部/构件编号(XX):两位,所在检查部位的构件顺序号。
(4)序号(XXX):三位,检测项目顺序号。

2)检测类别

一位,分为4类。检测类别说明见表8-3。

检 测 类 别 说 明   表8-3

序 号	检测类别	编码	代码	备注
1	日常巡查	1		
2	经常检查	2		
3	定期检查	3		
4	特殊检查	4		

3)检测性质

一位,分为3类,检测性质说明见表8-4。

检 测 性 质 说 明   表8-4

序号	检测性质	编码	代码	备注
1	一般检测	1		目测和简单仪器检测
2	专业检测	2		具有专业资质的单位实施
3	综合检测	3		具有专业资质的单位实施

4)检查频度

检查频度以天为单位。

5)检测等级

为检测重要性的加权系数(根据重要性从小到大分为1~6)。

6)计量单位

以描述检测项目的工作量为准,可以是项、件、套以及标准计量单位。

8.1.4 桥梁构件编码说明

桥梁管养是一个系统工程,包括上部构造、下部构造和基础、桥面系、支座及其他附属设施。为了避免在描述构件位置时冗长烦琐,也为了方便现场检测记录,特制定桥梁构件编码系统。

(1)编码的顺序:构件编码以半幅桥的1跨为基本单元,纵桥向按照设计桩号的递增方向从小至大进行编号;横桥向按从左至右的顺序进行编号。

(2)左、右幅的描述:潜江往石首方向为右幅,用R表示;石首往潜江方向为左幅,用L表示。

(3)方位的描述:潜江侧、北侧表示靠近潜江一侧,石首侧、南侧表示靠近石首一侧;东侧表示靠近长江下游一侧,西侧表示靠近长江上游一侧;右侧表示里程增大方向的右侧,左侧表示里程增大方向的左侧;同一个构件中,内侧表示靠近路线中心线的一侧,外侧表示远离路线中心线的一侧。

(4)石首大桥分段及编码说明:根据石首大桥主桥及引桥的结构形式,将石首大桥分为4座单独的桥梁进行病害描述及评定,每座桥梁均使用独立的编码系统,即桥与桥之间编码不连续。这4座桥梁由北向南依次为北引桥、主桥、南滩桥、南引桥。

8.2 桥梁检测工作大纲

1)检查项目:桥面铺装层病害

(1)日常巡检

项目编号:略。

检查内容：本桥桥面铺装分为混凝土桥面铺装和钢桥面铺装。混凝土桥面铺装上面层选用 AC-13 细粒式沥青混合料，厚度 4cm；下面层选用 AC-20C 中粒式沥青混凝土，厚度 6cm。主桥钢桥面铺装面层采用 SMA13＋EA10 沥青混凝土结构层，上面层厚度为 4cm，下面层厚度为 3cm。对其面层应观察是否平整，检查 AC 改性沥青桥面铺装是否出现开裂、鼓包、外伤等病害；SMA 沥青桥面铺装是否出现龟裂、沉陷、松散、泛油、车辙、坑槽等病害。

检查方法：桥面铺装层的日常巡检以步行为主，检查方式以目测为主。对发现的桥面病害按照病害性质进行分类记录，对病害所处的位置按照行车道和标志号来确定，病害程度要准确描述，必要时可附照片。

使用工具：皮尺、钢卷尺、反光背心、安全防护用品、照相机。

填写表格：桥梁日巡视检查记录表（附表 2）、桥梁经常检查记录表（附表 3）、维修维护项目申报单（附表 4）。

检查周期：每日检查一次。

（2）定期检查

项目编号：略。

检查内容：对桥面铺装层技术指标，如强度、平整度和抗滑能力进行检测统计。

检查方法：

①桥面平整度的检查。桥面平整度的检查指标为国际平整度指标（IRI）。桥梁平整度的全面调查，宜采用车载式颠簸累积平整度仪；快速检测范围的抽样调查，可采用连续式平整度仪或 3m 直尺检测。各种方法的测定结果应建立其与国际平整度指数之间的关系。

②桥面抗滑能力的检查。桥面抗滑能力的检查指标为轮胎与路面的摩擦因数。调查设备可采用摆式摩擦因数（BPN）仪和横向力系数（SFC）测定仪。摆式摩擦因数的调查应在每个评价桥段选 5 个测点，每个测点重复测定 5 次，取平均值作为该测点的测量值，5 个测点的平均值作为该路段的测值。

使用工具：自动弯沉仪、车载式颠簸累积平整度仪、摆式摩擦因数（BPN）仪和横向力系数（SFC）测定仪。

填写表格：桥面强度检查表、桥面平整度检查表、桥面抗滑能力检查表。表格均由检测单位提供。

检查周期：每 3 年检查一次。

2）检查项目：桥面铺装层污损（日常巡检）

项目编号：略。

检查内容：及时检查并清除桥面普通污染、路障和脱落的碎石等杂物；检查桥面是否存在小范围的滴漏，如燃油、油漆、化学品等，及时进行清洁处理。

检查方法：检查人员身着反光背心，沿两侧路肩及桥梁检修道步行巡视检查。对桥面污损情况及时组织清理，发现行车安全隐患应尽快采取措施疏导交通。

使用工具：反光背心、反光路锥、清扫工具。

填写表格：桥梁日巡检查记录表。

检查周期：每日检查一次。

3）检查项目：桥梁检修道损坏（日常巡检）

项目编号：略。

检查内容：检查两侧的检修道是否平整，钢构件是否锈蚀，聚氨酯是否脱落。

检查方法：检测人员步行观测，以目测为主，辅以简单测量工具，记录塑胶破损的位置，必要时可附照片。

使用工具：直尺、钢卷尺、安全防护用品、照相机。

填写表格：桥梁日巡检查记录表、桥梁经常检查记录表、维修维护项目申报单。

检查周期：每日检查一次。

4）检查项目：桥梁检修道污损（日常巡检）

项目编号：略。

检查内容：及时检查并清除检修道普通污染和杂物；检查检修道是否存在小范围的滴漏，如燃油、油漆、化学品等的滴漏，及时进行清洁处理。

检查方法：检测人员步行进行目测观察，对检修道污损情况及时组织清理。

使用工具：清扫工具。

填写表格：桥梁日巡检查记录表。

检查周期：每日检查一次。

5）检查项目：伸缩装置伸缩情况检查

（1）经常检查

项目编号：略。

检查内容：检查伸缩装置缝宽是否均匀，是否堵塞、失效，以及雨天的排水情况；检查伸缩装置处是否平整，有无跳车现象。

检查方法：检测人员步行进行目测观察。

使用工具：清扫工具、数码相机。

填写表格：桥梁日巡检查记录表、桥梁经常检查记录表。

检查周期：每周检查一次。

（2）定期检查

项目编号：略。

检查内容：对全桥每条伸缩装置进行伸缩量的测量记录，对照该类伸缩装置的设计值进行检查。

检查方法：对每条伸缩装置设定编号和测量的基准点，准确测量其在一年内相对最高和最低气温下的伸缩量，经过一段时期的检查，记录其最大、最小数值。在斜拉桥主梁梁端两个伸缩缝上下游共安装6个拉绳式位移传感器，用于运营期间监测伸缩装置相对位移变化。

使用工具：直尺、记号笔、反光背心、反光路锥。

填写表格：伸缩装置定期检查记录表（附表5）。

检查周期：每年检查一次。

6）检查项目：伸缩装置组件完好情况

项目编号：略。

检查内容：检查伸缩装置后浇带及两侧桥面的平整度，观察车辆在伸缩缝处的行车跳动情况；观察其构件或螺栓有无变形、损伤、断裂、松动等情况；止水橡胶带有无老化、干裂、破损等情况。

检查方法：现场检查以目测为主，检查伸缩装置是否严重破损、脱落、漏水、跳车等，锚固件是否牢靠等。

使用工具：数码照相机。

填写表格：桥梁经常检查记录表、伸缩装置定期检查记录表（附表5）。

检查周期：每月检查一次。

7）检查项目：桥梁支座组件完好情况

项目编号：略。

检查内容：常规支座检查其支座组件是否完好、清洁，有无错位、脱空；支承垫石是否有裂缝；有无过大的剪切变形或压缩变形，各夹层钢板之间的橡胶层外凸是否均匀；活动支座聚四氟乙烯滑板面是否脏污、老化，橡胶块是否滑出钢板。

检查抗震支座组件是否完好、防腐保护层是否完好、支座滑移面材料的磨耗情况，检查钢支架顶面结构裂纹情况以及支座锚头周围混凝土开裂情况。

检查方法：对全桥支座进行编号，通过检修平台或检修车对支座的组件完好情况（对照相应支座类型的构造图)进行检查,如有缺损、老化等现象做好记录并保存照片资料。

使用工具:清扫工具、小锤、照相机。

检查周期:每季度检查一次。

填写表格:支座定期检查记录表(附表6)。

8)检查项目:活动支座位移量检查

项目编号:略。

检查内容:对活动支座进行极限位移量的测量记录,对照该类支座的设计限量值进行检查。

检查方法:对活动支座设定编号和测量的基准点,准确测量其在一年内相对最高和最气温下的位移量,经过一段时期的检查,记录最大、最小数值。

使用工具:直尺、记号笔。

检查周期:每年检查一次。

填写表格:支座定期检查记录表。

9)检查项目:桥塔外观质量检查

项目编号:略。

检查内容:塔身及斜拉索锚固处混凝土表面有无混凝土剥落、裂缝、涂装层脱落。要特别注意检查斜拉索锚固区,以及塔身根部有无裂纹;附属结构物使用状态检查。

对有裂纹的位置要做好记录,拍好照片,画好示意图,记下检查时间,裂纹宽度、深度和走向,并对每个裂纹起点、止点做好标记,以便观察裂纹发展情况。

检查方法:首先目测表面缺陷,并对病害性质、形状、发展趋势做好记录。若有裂缝,用记号笔标出裂缝前端,以便观测裂缝的发展情况。采用裂纹观测仪或者裂缝放大镜测量裂缝宽度。对宽度大于0.2mm裂缝,利用便携式超声波数字显示(简称数显)检测仪,采用超声波法检测其深度。混凝土保护层厚度测量采用钢筋探测仪,对探测发现保护层较薄或异常部位进行记录。

使用工具:裂缝观测仪、便携式超声波数显检测仪、照相机、钢筋探测仪、记号笔、钢卷尺、无人机等。

检查周期:每半年检查一次。

填写表格:主塔定期检查记录表(附表7)。

10)检查项目:塔内检修梯

项目编号:略。

检查内容:注意观察塔内检修梯钢构件有无脱焊现象,表面是否有锈蚀、脱漆等现象。

检查方法:目视。

使用工具:数码相机。

填写表格:主塔定期检查记录表。

检查周期:每月检查一次。

11)检查项目:主塔锚固区钢锚梁检查

项目编号:略。

检查内容:注意观察塔内主塔锚固区钢锚梁锚板、顶板、底板等构件有无表面裂纹、局部变形等现象。

检查方法:选取3根斜拉索对应的上游钢锚梁作为应变监测截面,安装GSYC-T3应变传感器,用于运营期间对主塔锚固区钢锚梁的实时健康监测,对于其他的钢锚梁采取目测的方法检查。

使用工具:数码相机、应变监测系统。

填写表格:主塔定期检查记录表。

检查周期:每月检查一次。

12)检查项目:主塔锚固区钢牛腿检查

项目编号:略。

检查内容：注意观察主塔锚固区钢牛腿处腹板、顶板、腹板加劲板钢构件有无表面裂纹、局部变形等现象。

检查方法：逐个检查。

使用工具：超声波裂纹探测仪、数码相机。

填写表格：主塔定期检查记录表。

检查周期：每月检查一次。

13）检查项目：主梁梁体关键受力部位病害

项目编号：略。

检查内容：对于石首长江公路大桥的主桥主梁梁体关键部位主要有：钢-混凝土结合段、南、北主塔塔梁连接处、混凝土箱梁部分各中间支座及其附近区段的顶板和中性轴以上的腹板等。

南滩桥、南北引桥、匝道桥主梁梁体关键部位主要有：各墩顶支座及其附近区段的顶板和中性轴以上的腹板，各跨跨中及其附近区段底板和中性轴以下腹板。

检查关键部位表层缺陷及内部缺陷。表层缺陷有裂缝、破损、蜂窝、剥落、钢筋锈胀等，内部缺陷有混凝土强度不足、钢筋保护层不足等。

检查方法：首先目测表面缺陷，并对病害性质、形状、发展趋势做好记录。若有裂缝，用记号笔标出裂缝前端，以便观测裂缝的发展情况。采用裂纹观测仪或者裂缝放大镜测量裂缝宽度。对宽度大于0.2mm裂缝，利用便携式超声波数显检测仪，采用超声波法检测其深度。混凝土保护层厚度测量采用钢筋探测仪，对探测发现保护层较薄或异常部位进行记录。

使用工具：裂缝观测仪、便携式超声波数显检测仪、照相机、钢筋探测仪、记号笔、钢卷尺等。

填写表格：主梁定期检查记录表（附表8）、典型裂缝监测表（附表9）。

检查周期：每半年检查一次。

参考指标：见表8-3。

14）检查项目：钢箱梁表面病害检查

项目编号：略。

检查内容：检查钢箱梁涂装层是否脱落，表面是否出现锈蚀，焊缝处是否有裂纹，若有此类病害情况，要观测病害的发展趋势。

检查方法：首先目测表面缺陷，如发现焊接钢结构有裂缝，对有损伤裂缝的构件和焊缝等，应经常观察其发展情况，标上颜色，并对裂缝起讫位置、缝宽等情况进行详细记录。

使用工具：便携式超声波数显检测仪、照相机、记号笔、钢卷尺等。

填写表格：主梁定期检查记录表。

检查周期：每年检查一次。

15）检查项目：混凝土箱梁病害检查

项目编号：略。

检查内容：检查混凝土梁体表面是否有裂纹、剥落、剥离、层隙、蜂窝、白化（碱蚀）等现象，若有此类病害情况，要观测病害的发展趋势。钢筋保护层的厚度是否满足要求，钢筋是否锈蚀。选取监测南滩桥20号、25号墩墩顶长预应力钢束预应力损失，布置光纤光栅应变传感器及光纤光栅温度传感器，用于运营期间的混凝土箱梁实时健康监测。

检查方法：首先目测表面缺陷，并对病害性质、形状、发展趋势做好记录。若有裂缝，用记号笔标出裂缝前端，以便观测裂缝的发展情况。采用裂纹观测仪或者裂缝放大镜测量裂缝宽度。对宽度大于0.2mm裂缝，利用便携式超声波数显检测仪，采用超声波法检测其深度。混凝土保护层厚度测量采用钢筋探测仪，对探测发现保护层较薄或异常部位进行记录。

使用工具：裂纹观测仪、便携式超声波数显检测仪、照相机、钢筋探测仪、记号笔、钢卷尺等。

填写表格：主梁定期检查记录表、典型裂缝监测表。

检查周期:每半年检查一次。

参考指标:见表8-3。

16)检查项目:钢-混凝土结合段病害检查

项目编号:

检查内容:检查接头处混凝土是否有开裂、脱皮现象,检查钢-混凝土结合段钢箱梁是否有皱折、脱皮现象,是否有变形,另外检查钢-混凝土结合段位置桥面铺装处有无裂缝,桥面平整度是否异常。在钢-混凝土结合段选取3个剪力键截面,布置GSYC-1应变传感器用于运营期间的钢混结合段实时健康监测。

检查方法:目测待检部位是否出现开裂、脱皮现象,是否变形,用裂缝测宽仪测量裂缝宽度,用裂缝测深仪测量裂缝深度。

使用工具:裂纹观测仪、便携式超声波数显检测仪、照相机、记号笔、钢卷尺等。

填写表格:主梁定期检查记录表、典型裂缝监测表。

检查周期:每半年检查一次。

17)检查项目:混凝土箱梁梁体连接部位病害检查

项目编号:略。

检查内容:检查现浇梁体与梁体及预制箱梁与箱梁之间的结合处混凝土表面是否有裂纹、剥落、剥离、层隙、蜂窝、白化(碱蚀)等现象。若有此类病害情况,要观测病害的发展趋势。检查钢筋保护层厚度是否满足要求、钢筋是否锈蚀,检查横向联结构件是否开裂。

检查方法:首先目测表面缺陷,并对病害性质、形状、发展趋势做好记录。若有裂缝,用记号笔标出裂缝前端,以便观测裂缝的发展情况。采用裂纹观测仪或者裂缝放大镜测量裂缝宽度。对宽度大于0.2mm裂缝,利用便携式超声波数显检测仪,采用超声波法检测其深度。混凝土保护层厚度测量采用钢筋探测仪,对探测发现保护层较薄或异常部位进行记录。

使用工具:裂纹观测仪、便携式超声波数显检测仪、照相机、钢筋探测仪、记号笔、钢卷尺等。

填写表格:主梁定期检查记录表、典型裂缝监测表。

检查周期:每半年检查一次。

参考指标:见表8-3。

18)检查项目:高强度螺栓病害检查

项目编号:略。

检查内容:检查钢箱梁节段组拼和连接处高强度螺栓油漆是否脱落,螺栓是否出现锈蚀,螺母、垫圈是否出现破裂,螺栓是否由于欠拧和漏拧导致松动,是否出现延迟断裂等病害现象。

检查方法:目测高强度螺栓是否脱落、螺栓是否出现锈蚀、以0.2kg小锤轻轻敲击并以左手食指按住螺母,感受是否有振动和哑声,以判断是否出现松动或断裂等病害情况。

使用工具:照相机、钢卷尺、0.2kg小锤、记号笔。

填写表格:主梁定期检查记录表。

检查周期:每半年检查一次。

19)检查项目:钢箱梁U形加劲肋检查

项目编号:略。

检查内容:注意观察钢箱梁腹板、底板U形加劲肋钢构件有无表面裂纹、局部变形等现象,连接(包括焊接和栓接)是否有松动或裂纹等病害。

检查方法:目视。

使用工具:数码相机。

填写表格:主梁定期检查记录表。

检查周期:每半年检查一次。

20）检查项目：斜拉索减振橡胶老化

项目编号：略。

检查内容：减振橡胶是否老化，是否需要更换。

检查方法：打开每个上锚头防护装置，检查减振橡胶情况。

使用工具：扳手、螺丝刀等。

填写表格：上锚头定期检查记录表（附表10）。

检查周期：每半年检查一次。

21）检查项目：斜拉索上锚头钢导管外观病害

项目编号：略。

检查内容：检查钢导管外观有无锈蚀等病害。

检查方法：目视。

使用工具：数码相机。

填写表格：上锚头定期检查记录表。

检查周期：每半年检查一次。

22）检查项目：斜拉索上锚头螺母、垫板锈蚀

项目编号：略。

检查内容：检查螺母、垫板有无锈蚀、开裂、脱落、锈死等病害。

检查方法：目视。

使用工具：扳手、螺丝刀、小锤、数码相机等。

填写表格：上锚头定期检查记录表。

检查周期：每半年检查一次。

23）检查项目：斜拉索上锚头附近混凝土裂纹

项目编号：略。

检查内容：检查上锚头附近混凝土是否有裂缝、剥落等现象，若有此类病害情况，要观测病害的发展趋势。

检查方法：目测待检部位是否有裂缝、剥落等现象。若有裂缝，用记号笔标出裂缝前端，以便观测裂缝的发展情况。采用裂纹观测仪或者裂缝放大镜测量裂缝宽度，对宽度大于0.2mm裂缝，利用便携式超声波数显检测仪，采用超声波法检测其深度。

使用工具：裂纹观测仪、照相机、记号笔、钢卷尺等。

填写表格：上锚头定期检查记录表、典型裂缝监测表。

检查周期：每半年检查一次。

24）检查项目：斜拉索上锚头防锈油脂

项目编号：略。

检查内容：防锈油脂是否涂抹均匀、完好，是否渗漏，油脂使用时限是否到期等。

检查方法：打开每个上锚头防护装置，检查油脂情况。

使用工具：扳手、螺丝刀、锤子等。

填写表格：上锚头定期检查记录表。

检查周期：每半年检查一次。

参考指标：参照油脂保质期规定执行。

25）检查项目：斜拉索上锚头密封情况

项目编号：略。

检查内容：上锚头是否有积水或潮湿迹象。

检查方法：打开每个上锚头，检查防护装置。

使用工具:扳手、螺丝刀、锤子等。

填写表格:上锚头定期检查记录表。

检查周期:每半年检查一次。

26)检查项目:斜拉索上锚头锈蚀情况

项目编号:略。

检查内容:上锚头是否锈蚀,锈蚀程度。

检查方法:打开每个上锚头,检查防护装置。

使用工具:扳手、螺丝刀、锤子等。

填写表格:上锚头定期检查记录表。

检查周期:每半年检查一次。

27)检查项目:斜拉索下锚头端钢制护套

项目编号:略。

检查内容:检查钢制护套外观有无锈蚀等病害。

检查方法:目视。

使用工具:数码相机。

填写表格:下锚头桥面以上部分定期检查记录表(附表11)。

检查周期:每半年检查一次。

28)检查项目:斜拉索下锚头钢导管外观

项目编号:略。

检查内容:检查钢导管外观油漆是否完好,有无锈蚀等病害。

检查方法:目视。

使用工具:数码相机。

填写表格:下锚头桥面以上部分定期检查记录表。

检查周期:每半年检查一次。

29)检查项目:斜拉索下锚头螺母、垫板锈蚀检查

项目编号:略。

检查内容:冷铸锚头和垫板暴露在大气中,要注意防水防锈,检查丝扣是否缺少防锈油脂,是否存在锈蚀等现象;检查锚垫板是否锈蚀,墩头有无进一步回缩现象,锚头是否存在裂纹或破损现象。

检查方法:开盖检查。

使用工具:扳手、数码相机等。

填写表格:下锚头桥面以下部分定期检查记录表(附表12)。

检查周期:每年检查一次。

30)检查项目:斜拉索下锚头防护套

项目编号:略。

检查内容:防护套是否损坏,是否存在拔出、漏水现象。

检查方法:目测、拆卸抽查。

使用工具:数码相机等。

填写表格:下锚头桥面以下部分定期检查记录表。

检查周期:每半年检查一次。

31)检查项目:斜拉索下锚头附近混凝土裂纹

项目编号:略。

检查内容:检查下锚头附近是否有裂缝、剥落等现象。若有此类病害情况,要观测病害的发展趋势。

检查方法:目测待检部位是否有裂缝、剥落等现象。若有裂缝,用记号笔标出裂缝前端,以便观测裂

缝的发展情况。采用裂纹观测仪或者裂缝放大镜测量裂缝宽度。对宽度大于 0.2mm 裂缝,利用便携式超声波数显检测仪,采用超声波法检测其深度。

使用工具:读数显微镜、裂纹观测仪、照相机、记号笔、钢卷尺等。

填写表格:下锚头桥面以下部分定期检查记录表、典型裂缝监测表。

检查周期:每半年检查一次。

32)检查项目:斜拉索下锚头防锈油脂

项目编号:略。

检查内容:防锈油脂是否涂抹均匀、完好,是否有渗漏,油脂使用时限是否到期等。

检查方法:打开每个下锚头防护装置,检查油脂情况。

使用工具:扳手、螺丝刀、锤子等。

填写表格:下锚头桥面以下部分定期检查记录表。

检查周期:每半年检查一次。

33)检查项目:斜拉索下锚头密封情况

项目编号:略。

检查内容:将打开下锚头端防护罩,检查是否有积水。

检查方法:目视。

使用工具:扳手、数码相机等。

填写表格:下锚头桥面以下部分定期检查记录表。

检查周期:每半年检查一次。

34)检查项目:斜拉索下锚头锈蚀检查

项目编号:略。

检查内容:下锚头是否锈蚀,锈蚀程度。

检查方法:打开每个下锚头防护装置检查。

使用工具:扳手、螺丝刀、锤子等。

填写表格:下锚头桥面以下部分定期检查记录表。

检查周期:每半年检查一次。

35)检查项目:斜拉索外置式阻尼器外观检查

项目编号:略。

检查内容:观察杠杆质量阻尼器有无异常振动,连接螺栓有无松动,索夹处的 PE 护套是否完好,结构构件有无机械性损伤。

检查方法:目测。

使用工具:数码相机等。

填写表格:外置式阻尼器定期检查记录表(附表 13)。

检查周期:每季度检查一次。

36)检查项目:斜拉索减振装置密封检查

项目编号:略。

检查内容:外置式阻尼器的防水情况和阻尼材料泄漏情况。

检查方法:目测。

使用工具:数码相机等。

填写表格:外置式阻尼器定期检查记录表。

检查周期:每季度检查一次。

37)检查项目:斜拉索振动观测

项目编号:略。

检查内容:对斜拉索的振动进行观察。观察斜拉索振动是否明显,减振措施是否损坏失效,防护套是否破坏;当桥上发生6级以上大风后,应检查斜拉索有无异常。为了分析斜拉索的振动,应记录桥上风力、风速、风向和温度、雨量、湿度资料,并进行分析。

检查方法:目测。

使用工具:摄像机。

填写表格:斜拉索定期检查记录表(附表14)。

检查周期:每季度对异常风致振动等特殊情况进行检查。

38)检查项目:斜拉索防护层

项目编号:略。

检查内容:检查索体的保护层有无硬化、开裂、撕破等现象。若有撕破现象,则查看钢丝的锈蚀情况。

检查方法:目测。

使用工具:数码相机、无人机等。

填写表格:斜拉索定期检查记录表。

检查周期:每半年检查一次。

39)检查项目:斜拉索主梁端口密封情况

项目编号:略。

检查内容:检查钢防护套管与钢箱梁顶板或混凝土交界处是否密实,有无水沿索套管渗入梁体或下锚头,橡胶密封圈是否存在老化、损坏现象。

检查方法:目测。

使用工具:扳手、螺丝刀、数码相机等。

填写表格:斜拉索定期检查记录表。

检查周期:每季度检查一次。

40)检查项目:主梁纵向阻尼器组件完好情况

项目编号:略。

检查内容:检查其纵向阻尼器组件是否完好、检查阻尼器外形几何尺寸和外观有无漏油、油漆剥落、外壳损坏现象,与混凝土构件连接是否松动,监测系统的设备是否完好等。

检查方法:检查纵向阻尼器组件的完好情况,如有缸体是否有变形、漏油、损坏等现象,做好记录并保存照片资料。

使用工具:照相机。

填写表格:桥梁经常检查记录表。

检查周期:每季度检查一次。

41)检查项目:主梁纵向阻尼器位移、阻尼力等参数的检查

项目编号:略。

检查内容:阻尼器的位移、阻尼力(或限位力)、油缸压力、振动频率及速度等参数做实时记录和跟踪。

检查方法:结合主塔纵向阻尼器的监控系统对位移、阻尼力等参数进行实时记录和跟踪。

使用设备:健康监测系统。

检查周期:每半年检查一次。

参考指标:设计值。

42)检查项目:桥墩裂纹及外观损伤观测

项目编号:略。

检查内容:桥墩是否存在裂缝,详细记录裂缝参数(长度、宽度、深度、走向等),对桥墩各种损伤(蜂

窝、麻面、空洞、泛白等)进行观测。

检查方法:首先目测表面缺陷,并对病害性质、形状、发展趋势做好记录。若有裂缝,用记号笔标出裂缝前端,以便观测裂缝的发展情况。采用裂纹观测仪或者裂缝放大镜测量裂缝宽度。对宽度大于0.2mm裂缝,利用便携式超声波数显检测仪,采用超声波法检测其深度。混凝土保护层厚度测量采用钢筋探测仪,对探测发现保护层较薄或异常部位进行记录。

使用工具:裂缝宽度测试仪、非金属超声波探伤仪、钢卷尺、直尺、游标卡尺、记号笔、数码相机等。

填写表格:典型裂缝监测表、墩身定期检查表。

检查周期:每月检查一次。

43)检查项目:桥墩倾斜垂直度检查

项目编号:略。

检查内容:桥墩是否有倾斜,倾斜度是否在允许范围内。

检查方法:在墩台上下游两侧与桥中心线成90°正交的直线断面上埋设观测点,用全站仪测量。

使用工具:全站仪、棱镜、铅垂线。

填写表格:由检测单位提供。

检查周期:每年检查一次。

参考指标:设计图纸、竣工资料、历年数据。

44)检查项目:桥墩沉降及周围状态检查

项目编号:略。

检查内容:检查桥墩是否发生沉降。

检查方法:观测点对称设在承台襟边的四角,预埋在墩身上,确定基础水准点后,用水准仪按时观测。

使用工具:水准仪。

填写表格:墩台沉降定期检查记录表(附表16)。

检查周期:每年检查一次。

参考指标:设计图纸、竣工资料、历年数据。

45)检查项目:桥台裂纹及外观损伤观测

项目编号:略。

检查内容:检查桥台身有无纵横向裂纹,若有,测量裂纹长度与宽度,台身是否有剥蚀。

检查方法:首先目测表面缺陷,并对病害性质、形状、发展趋势做好记录。若有裂缝,用记号笔标出裂缝前端,以便观测裂缝的发展情况。采用裂纹观测仪或者裂缝放大镜测量裂缝宽度。对宽度大于0.2mm裂缝,利用便携式超声波数显检测仪,采用超声波法检测其深度。混凝土保护层厚度测量采用钢筋探测仪,对探测发现保护层较薄或异常部位进行记录。

使用工具:裂缝宽度测试仪、非金属超声波探伤仪、钢卷尺、直尺、游标卡尺、记号笔、数码相机等。

填写表格:典型裂缝监测表。

检查周期:每月检查一次。

参考指标:见表8-3。

46)检查项目:桥头搭板、耳墙、外墙外观检查

项目编号:略。

检查内容:桥头搭板有无开裂,局部损伤、露筋;耳墙、背墙有无裂缝、局部剥落,是否存在断裂、下沉、外倾失稳和砌体变形现象。

检查方法:目视。

使用工具:钢尺、小锤、数码相机。

检查周期:每月检查一次。

填写表格:桥梁日巡检查记录表、桥梁经常检查记录表、维修维护项目申报单。

47)检查项目:桥台水平位移和倾斜度观测

项目编号:略。

检查内容:桥台是否发生水平位移,是否倾斜,位移量和倾斜度是否在允许范围内。

检查方法:在墩台上下游两侧与桥中心线成90°正交的直线断面上埋设观测点,用全站仪测量,读出两尺的读数,取平均值。在墩台上下游两端的中心线上埋设观测点,采用百分表监测。

使用工具:全站仪、棱镜、铅垂线。

填写表格:桥墩(台)水平位移和倾斜度定期检查表(附表18)。

检查周期:每年检查一次。

48)检查项目:基础冲刷检查

项目编号:略。

检查内容:基础下是否发生不许可的冲刷或淘空现象。桩基顶段在水位涨落、干湿交替变化处有无冲刷磨损、颈缩、露筋,有无环状冻裂,是否受到污水、咸水或生物的腐蚀。必要时对大桥的深基础采用仪器进行科学检查。

检查方法:以检测人员目测为主,对人员不易到达的部位,可使用望远镜等观测工具,必要时应用船只从水面接近进行观测。

使用工具:数码相机。

填写表格:桥梁日巡检查记录表。

检查周期:每年检查一次。

49)检查项目:附属排水设施畅通情况检查

项目编号:略。

检查内容:检查附属排水设施有无堵塞,是否影响排水畅通,冬季排水管道及地面排水口是否结冰。

检查方法:检查人员以目测为主。对于排水设施有堵塞,应及时予以疏通,冬季应及时除冰,确保排水畅通;检查行车道或其他危险部位排水设施时,应做好安全防护措施。

使用工具:疏堵工具、安全防护用品。

填写表格:桥梁日巡检查记录表、桥梁经常检查记录表、维修维护项目申报单。

检查周期:每月检查一次。

50)检查项目:附属排水设施完好情况检查

项目编号:略。

检查内容:检查附属排水设施是否完好,有无设施缺失、破损等影响桥梁排水的情况,泄水管是否破坏、损伤、缺失,盖板是否损坏、丢失,泄水管下端是否伸出。

检查方法:检查人员步行上桥,沿排水线路仔细检查,如有缺失、损坏,按墩号做好记录。

使用工具:钢卷尺、数码照相机等。

填写表格:桥梁日巡检查记录表、桥梁经常检查记录表、维修维护项目申报单。

检查周期:每月检查一次。

51)检查项目:钢构件护栏外观检查

项目编号:略。

检查内容:钢结构护栏有无污损、锈蚀情况,判定其污损锈蚀程度对设施的安全使用和景观有无影响;钢结构杆件有无因受力引起扭曲变形、脱焊等情况。

检查方法:检查人员以目测为主。根据护栏的污损情况定期组织清除;对于锈蚀情况较重的构件应详细记录锈蚀部位和其面积大小;对因受力引起的扭曲变形、脱焊等情况要及时申报。

使用工具:钢卷尺、数码照相机、安全防护用品、无人机等。

填写表格:桥梁日巡检查记录表、桥梁经常检查记录表、维修维护项目申报单。

检查周期:每季度检查一次。

52)检查项目:钢构件护栏连接螺栓检查

项目编号:略。

检查内容:钢结构护栏的连接螺栓有无松动、缺失。

检查方法:检查人员以目测为主。可用小锤对连接螺栓进行侧向敲击,检查器松动和缺失的情况,对严重松动和缺失的部位要及时申报。

使用工具:小锤、数码照相机。

填写表格:桥梁日巡检查记录表、桥梁经常检查记录表、维修维护项目申报单。

检查周期:每季度检查一次。

53)检查项目:防雷设施锈蚀情况检查

项目编号:略。

检查内容:检查防雷设施的金属部件是否锈蚀等。

检查方法:以检查人员目测为主,对于某些人不易到达的部位,应使用检修车辆,检查接地、避雷引线暴露段是否锈蚀及其锈蚀程度,及时组织维护。

使用工具:数码相机。

检查周期:每年检查一次。

54)检查项目:防雷设施电阻测量

项目编号:略。

检查内容:对防雷设施的电阻值进行测量。

检查方法:检测人员携带必备的安全器具,检查全桥接地、避雷装置的接地电阻值,电阻值应不大于 10Ω。

使用工具:万用表、钳形表等。

检查周期:每年(3月份春雷来临之前)检查一次。

55)检查项目:路灯照明检查

项目编号:略。

检查内容:对全桥路灯照明工作情况进行检查,检查其光源是否有间断失明、变色现象;灯罩是否有烧焦、变形、灰尘过多现象。

检查方法:检查人员每天晚上必须对路灯设施进行巡查,灯具开启时须密切关注灯具运行时的电压、电流等相关电气参数。遇到不亮灯具必须及时做好记录,同时对不亮灯具进行检查,检查空气开关及保险是否正常闭合;路灯失明,确定是进线电源故障,还是灯具故障。当时能自行处理则由电工处理,不能处理的必须于12h内申报维修。巡查时须对路灯灯罩、灯具亮度进行目测,发现灯罩烧蚀及变形时必须记录,并及时申报。白天在灯具不运行时应对路灯相关电气设备做定期养护,发现电气设备安全隐患,及时处理和申报维修,确保灯具亮化率。

使用工具:万用表、试电笔、绝缘胶布、保险丝等。

检查周期:每日检查一次。

填写表格:桥梁日巡检查记录表、维修维护项目申报单。

参考指标:亮化率大于95%。

56)检查项目:景观亮化灯具检查

项目编号:略。

检查内容:对全桥景观亮化灯具工作情况进行检查。

检查方法:石首长江公路大桥的景观亮化灯包括桥梁轮廓灯、主塔投光灯、塔顶投光灯、拉索投光灯等。灯具开启时须密切关注灯具运行时的电压、电流等相关电气参数。

使用工具:万用表、试电笔、绝缘胶布、保险丝等。

填写表格:桥梁日巡检查记录表、维修维护项目申报单。
检查周期:每年检查一次。
参考指标:亮化率大于95%。

57)检查项目:桥梁(柱)灯检查
项目编号:略。
检查内容:对桥梁(柱)灯工作情况进行检查,注意其亮度是否正常,是否按时开关灯。
检查方法:桥梁(柱)灯是关系到桥梁安全的重要灯具,检查人员必须每天对桥梁的信号灯进行定时巡查,遇到恶劣天气时还应加大巡查力度和次数。遇到桥梁(柱)灯不亮时做好记录,同时查明灯具故障原因,当时能自行处理的则由电工处理,不能处理的必须于12h内申报维修,并在24h内恢复;白天在灯具不运行时应对与信号灯相关的电气设备进行定期养护,发现电气设备安全隐患,及时处理和申报维修,确保桥梁安全。
使用工具:万用表、试电笔、绝缘胶布、保险丝等。
填写表格:桥梁日巡检查记录表、维修维护项目申报单。
检查周期:每日检查一次。
参考指标:24h内恢复。

58)检查项目:航空障碍灯检查
项目编号:略。
检查内容:对航空障碍灯工作情况进行检查,注意其亮度是否正常,其闪烁频率是否正常。
检查方法:航空障碍灯是关系到桥梁安全的重要灯具,检查人员必须每天对桥梁的信号灯进行定时巡查,遇到恶劣天气时还应加大巡查力度和次数。遇到航空障碍灯不亮时做好记录,同时查明灯具故障原因,当时能自行处理则由电工处理,不能处理的必须于12h内申报维修,并在24h内恢复;白天在灯具不运行时,应对与信号灯相关电气设备进行定期养护,发现电气设备安全隐患,及时处理和申报维修,确保桥梁安全。
使用工具:万用表、试电笔、绝缘胶布、保险丝等。
填写表格:桥梁日巡检查记录表、维修维护项目申报单。
检查周期:每日检查一次。
参考指标:24h内恢复。

59)检查项目:发电机检查
项目编号:略。
检查内容:定期检查机油及滤芯;检查曲轴箱和燃油系统;检查保养水箱。
检查方法:定期查看机油油量是否在机油标尺上限附近,并应结合使用条件定期换油和滤芯;为避免曲轴箱内油泥堵塞滤清器和油孔,造成发动机润滑困难,引起磨损,同时避免燃油在通过油路供往燃烧室燃烧的过程中,产生大量胶质和积碳等,要定期检查、清洗燃油系统;检查发动机水箱生锈、结垢情况,定期清洗水箱,除去其中的锈迹和水垢。以上情况除检查人员定期查看以外,可委托厂家定期维护。
使用工具:数码相机。
检查周期:设备使用说明书规定的检查维护周期。

60)检查项目:配电柜检查
项目编号:略。
检查内容:表计、开关、电缆接头、防鼠、清洁。
检查方法:目测。
使用工具:万用表、钳形表。
检查周期:每日检查一次。
参考指标:额定值及相关指标。

61）检查项目：变压器检查

项目编号：略。

检查内容：变压器接地点是否牢固及其温度、隔离开关、卫生等情况。

检查方法：目测。

使用工具：温度计。

检查周期：每日检查一次。

参考指标：变压器额定值及相关规定。

62）检查项目：电缆检查

项目编号：略。

检查内容：检查电缆可视部分是否有损伤、龟裂现象；对接头检查时应注意是否有发热、烧蚀、变色等现象；电缆终端头是否发热、烧蚀、变色，是否与开关接头接触良好，电缆电流是否超负荷。

检查方法：定期对可视电缆的表面、接头和端头进行目测检查，用钳型表来测量电缆电流是否超负荷，同时做好安全防护措施，发现异常情况及时上报处理。

使用工具：钳型表。

填写表格：桥梁日巡检查记录表。

检查周期：每年检查一次。

63）检查项目：标志、标牌、标线完好情况检查

项目编号：略。

检查内容：检查全桥所有标志、标牌是否齐全完好，所有标线是否清晰，在夜间对各种标志、标牌、标线等的反光情况进行检查。

检查方法：检查人员身着反光背心，沿人行道步行巡视检查。检查中发现标志、标牌、标线受到污染或损坏，应加以记录，及时组织清污或申报维护。

使用工具：数码照相机。

填写表格：桥梁日巡检查记录表、桥梁经常检查记录表、维修维护项目申报单。

检查周期：每月检查一次。

64）检查项目：监控系统设施组件完好情况检查

项目编号：略。

检查内容：监控系统组件是否完整、外观情况。

检查方法：目测。

使用工具：数码照相机。

填写表格：桥梁经常检查记录表、维修维护项目申报单。

检查周期：每日检查一次。

65）检查项目：监控系统定期巡检

项目编号：略。

检查内容：对监控系统工作状态进行检查。

检查方法：检查人员核对查看各项工作参数是否正常、成像终端图像质量的清晰程度、系统控制是否达标。

使用工具：数码照相机。

填写表格：桥梁定期检查记录表、维修维护项目申报单。

检查周期：每月检查一次。

66）检查项目：通信系统设施组件完好情况检查

项目编号：略。

检查内容：通信系统组件是否完整、外观情况。

检查方法:目视。

使用工具:数码照相机。

填写表格:桥梁经常检查记录表、维修维护项目申报单。

检查周期:每日检查一次。

67)检查项目:通信系统定期巡检

项目编号:略。

检查内容:对通信系统运行情况及其监控设备的工作状态进行检查。

检查方法:检查人员查看各项工作参数是否正常。

填写表格:桥梁定期检查记录表(附表17)、维修维护项目申报单。

检查周期:每月检查一次。

68)检查项目:火灾报警系统组件完好情况检查

项目编号:略。

检查内容:火灾报警系统组件是否完整、外观情况。

检查方法:目视。

使用工具:数码照相机。

填写表格:桥梁日巡检查记录表、维修维护项目申报单。

检查周期:每月检查一次。

69)检查项目:火灾报警系统定期巡检

项目编号:略。

检查内容:对火灾报警系统设施配备情况进行检查,必要时进行火灾演习。

检查方法:检查人员核对查看各项工作参数是否正常。

填写表格:桥梁定期检查记录表。

检查周期:每年检查一次。

70)检查项目:通风除湿系统设施组件完好情况检查

项目编号:略。

检查内容:通风除湿系统组件是否完整、外观情况。

检查方法:目视。

使用工具:数码照相机。

填写表格:桥梁日巡检查记录表、维修维护项目申报单。

检查周期:每月检查一次。

71)检查项目:通风除湿系统定期巡检

项目编号:略。

检查内容:对通风除湿系统设备工作情况及除湿效果进行检查。

检查方法:检查人员查看各项工作参数是否正常。

填写表格:桥梁定期检查记录表。

检查周期:每月检查一次。

72)检查项目:桥梁检修车组件完好情况检查

项目编号:略。

检查内容:检修车桁架构件油漆是否脱落;检修车的传动部分、电气部分及连接构造是否安全可靠,驱动设备是否完好。

检查方法:目视。

使用工具:数码照相机。

填写表格:桥梁日巡检查记录表、维修维护项目申报单。

检查周期:每7天检查一次。

73)检查项目:桥梁检修车定期巡检

项目编号:略。

检查内容:检查轨道梁与主梁及轨道梁与桁架的连接情况,具体包括螺栓是否松动或损耗,扣件、接头连接座、垫圈等是否开裂或变形,连接座、接头连接座与钢箱梁的焊接处及轨道梁与挡块的焊接处焊缝有无裂缝、脱焊,金属表面是否严重锈蚀等;对行走部分检查养护驱动机构固定装置是否良好,齿轮是否锈蚀、磨损。应注意检查制动系统是否有效,结构是否安全。

检查方法:检查人员查看检修车是否正常工作。

填写表格:桥梁定期检查记录表。

检查周期:每月检查一次。

74)检查项目:风嘴外观表面检查

项目编号:略。

检查内容:检查风嘴涂装是否脱落,表面是否出现锈蚀,焊缝处是否有裂纹。若有此类病害情况,要观测病害的发展趋势。

检查方法:首先目测表面缺陷,并对病害性质、形状、发展趋势做好记录。

使用工具:便携式超声波数显检测仪、照相机、记号笔、钢卷尺等。

填写表格:主梁定期检查记录表。

检查周期:每半年检查一次。

75)检查项目:桥梁结构总体外观状态检查

项目编号:略。

检查内容:对桥梁结构总体外观有无明显变异进行检查,对异常情况记录并及时上报主管部门。

检查方法:目视。

使用工具:数码相机、望远镜。

填写表格:桥梁日巡检查记录表。

检查周期:每月检查一次。

76)检查项目:桥面线形及水平位移观测

项目编号:略。

检查内容:

(1)对桥梁线形进行测量,并将测量结果与历年测量资料进行对比,以确定桥梁线形是否发生异常变化。

(2)在桥塔顶部设立永久观测标志,测量塔顶水平位移。

检查方法:主桥线形测点布置在主梁上靠近防撞栏杆处,其位置与斜拉索一一对应,采用的编号和吊索编号相同,进行现场测试。

使用工具:精密水准仪、全站仪、棱镜等。

检查周期:每半年检查一次。

77)检查项目:斜拉索索力

项目编号:略。

检查内容:斜拉索是斜拉桥主要承力构件,索力的大小直接影响斜拉桥的线形、塔偏位以及纵、横梁的扭转。斜拉索直接承受通过桥面系传递来的汽车活载,与营运安全性直接相关。所以全面掌握斜拉索索力变化规律,明确结构受力状况,确保桥梁营运安全,是非常必要的。对全部索力进行测试。

检查方法:索力测试采取直接测试与间接测试相结合的方式。选取在5根斜拉索内的钢丝上安装专用的光纤光栅应变传感器,采用测力环监测;对于其他斜拉索采用便携式索力监测系统定期监测索力。

使用工具:索力测试仪。

检查周期:每半年检查一次。

78)检查项目:塔顶位移

项目编号:略。

检查内容:在塔顶上下游各布置一个棱镜,测试塔顶水平位移。在南、北两桥塔的塔顶各布置一个GPS测站,对桥塔塔顶的变形进行监测;在每个主塔上横梁处分别布置2个倾斜仪,全桥共布置4个倾斜仪。

检查方法:采用置于塔顶GPS测点和布置于塔柱中部的倾角仪相结合的测量方法。

使用工具:全站仪、棱镜、GPS、双轴倾斜仪。

检查周期:每半年检查一次。

79)检查项目:静载试验

项目编号:略。

检查内容:主梁应力、斜拉索内力、主梁线形、塔顶位移观测。

检查方法:参照《大跨径混凝土桥梁的试验方法》(1982年10月)。

使用工具:静态测试设备。

检查周期:不定期检查。

80)检查项目:动载试验

项目编号:略。

检查内容:跑车试验、跳车试验、制动试验、脉动试验。

检查方法:参照《大跨径混凝土桥梁的试验方法》(1982年10月)。

使用工具:动态测试设备。

检查周期:不定期检查。

第9章 桥梁技术状况主要评价指标及评定

桥梁技术状况的评定是桥梁维护、维修工作的重要部分。按经常检查、定期检查和特殊检查所获得的数据和结果,对桥梁部件和总体的耐久性状况、承载力状况和行车状况进行程度和数量评定,以便采取处治对策。

桥梁技术状况评定分为一般评定和适应性评定。

桥梁一般评定是依据桥梁定期检查资料,通过对桥梁各部件技术状况的综合评定,确定桥梁的技术状况等级,提出各类桥梁的养护措施。

桥梁适应性评定包括以下内容:依据桥梁定期及特殊检查资料,结合试验与结构受力分析,评定桥梁的实际承载能力、通行能力、抗洪能力,提出桥梁养护、改造方案。

桥梁一般评定由负责定期检查者进行,适应性评定应委托有相应资质及能力的单位进行。

9.1 桥梁技术状况主要评价指标

为保障桥梁结构安全,应建立合理适用的评价指标。当桥梁技术状况超出设计或规范限值时应引起足够注意,及时邀请有关专家及设计单位代表共同对桥梁进行全面分析,确定桥梁技术状况变化的原因,并采取合理措施,确保结构安全。石首长江公路大桥技术状况主要评价指标如下。

9.1.1 主梁竖曲线

主梁竖曲线变化的主要原因:
(1)塔顶发生偏移;
(2)主梁本身发生不可恢复的挠曲变形。

为保证桥塔安全,满足桥下通航净空的要求,主梁跨中竖曲线的变化(下挠)均不宜超过设计值。

9.1.2 斜拉索索力

1)斜拉索索力变化原因
(1)斜拉索锚头螺栓的螺母松动,导致斜拉索变松,索力减小;
(2)因腐蚀和疲劳导致斜拉索已有断丝,两种原因联合作用将使断丝现象加剧。
2)斜拉索索力变化影响
斜拉索索力的变化,一方面会引起相邻斜拉索索力的变化及主梁局部应力的变化,另一方面将使相邻斜拉索的应力幅或上限应力提高。这两方面均会对结构及斜拉索带来不利的影响。
3)斜拉索索力变化限制
为防止斜拉索索力突然变化而引起其他结构构件内力重分配或斜拉索本身的提前断裂,应限制斜拉索索力的变化,一般在索力值达到健康监测限值的75%时进行预警,达到健康监测限值的100%进行报警。应查明主梁的线形是否匀顺。

9.1.3 结构应力

结构应力状态直接反映结构的工作状态。在整个运营期间,应保证其总体应力及应力变化水平不超过设计值。可以通过各控制断面的总体应力水平及应力变化幅度作为控制依据,通过实测并进行温度影响修正计算理论应变增量。要求主梁及主塔总体应力水平(恒载应力 + 活载应力)不超过设计最大允许应力值。

9.1.4 主塔及混凝土箱梁裂缝限制

主塔混凝土的最大裂缝限值不应超过0.15mm,不允许出现预应力混凝土主梁梁体竖向裂缝,纵向裂缝要求不超过0.2mm。

9.2 桥梁技术状况评定

桥梁技术状况评定包括桥梁构件、部件、桥面系、上部结构、下部结构和全桥评定。桥梁技术状况评定应采用分层综合评定与5类桥梁单项控制指标相结合的方法,先对桥梁各构件进行评定,然后对桥梁各部件进行评定,再对桥面系、上部结构、下部结构分别进行评定,最后进行桥梁总体技术状况的评定。

桥梁技术状况评定内容流程如图9-1所示。

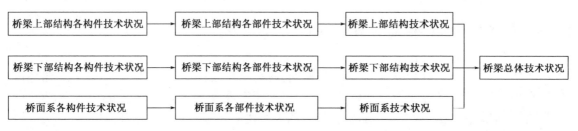

图9-1 桥梁技术状况评定内容流程

9.2.1 桥梁技术状况评定标准

桥梁技术状况评定等级分为1~5类。桥梁总体及各部件技术状况评定标准见表9-1。

桥梁技术状况评定标准 表9-1

技术状况评定等级	桥梁技术状况描述
1类	全新状态、功能完好
2类	有轻微缺损,对桥梁使用功能无影响
3类	有中等缺损,尚能维持正常使用功能
4类	主要构件有大的缺损,严重影响桥梁的使用功能;或影响承载能力,不能保证正常使用
5类	主要构件存在严重缺损,不能正常使用,危机桥梁安全,桥梁处于危险状态

9.2.2 桥梁技术状况评定方法

根据《公路桥梁技术状况评定标准》(JTG/T H21—2011),公路桥梁技术状况评定包括桥梁构件、部件、桥面系、上部结构、下部结构和全桥评定。公路桥梁技术状况评定应采用分层综合评定与5类桥梁单项控制指标相结合的方法。其中,分层综合评定方法共分四个步骤,步骤一是桥梁各构件评定,步骤二是桥梁各部件评定,步骤三是桥梁结构(上部结构、下部结构及桥面系)评定,步骤四是桥梁总体技术状况评定。

1)桥梁各部件技术状况的评定方法

(1)桥梁技术状况评定流程。

桥梁技术状况评定工作流程中包含了桥梁检查评定的主要步骤。在桥梁评定这方面总结起来就是前述四个步骤的工作内容,根据制定的桥梁检查计划进行桥梁现场检查,对各构件检测指标的技术状况进行现场评定(1~5类),并依据各检测指标的技术状况评定结果,按照桥梁评定模型计算桥梁构件的技术状况;然后依次计算桥梁各部件以及上部结构(下部结构、桥面系)的技术状况;最后根据上部结构、下部结构、桥面系的技术状况计算全桥技术状况。如果在现场评定时,桥梁符合5类桥单项控制指标,则桥梁总体技术状况直接可以评定为5类。最后需要将检查以及评定的结果按照相关规定归档。

桥梁技术状况评定工作流程如图9-2所示。

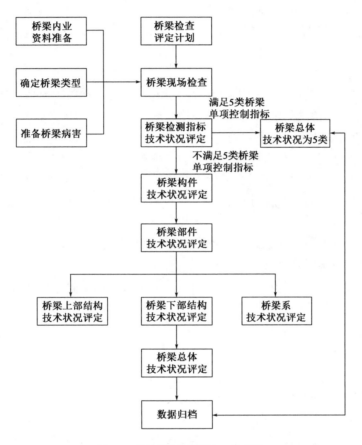

图9-2 桥梁技术状况评定工作流程

(2)重要部件(如墩台与基础、上部承载构件、支座)以其中缺损最严重的构件评分;其他部件,根据多数构件缺损状况评分。

(3)各构件的权重可以参考《公路桥涵养护规范》(JTG 5120—2021),也可采用专家评估法确定各部件的权重。

(4)梁、桥塔、墩台的裂缝限值规定如表9-2所示。裂缝超过表列数值时应进行修补或加固,以保证结构的耐久性。

裂 缝 限 值　　　　　表9-2

结构类型	裂缝种类	允许最大缝宽(cm)	其他要求
预应力混凝土梁	梁体竖向裂缝	不允许	
	梁体纵向裂缝	0.20	

续上表

结构类型	裂缝种类		允许最大缝宽(cm)	其他要求
墩台、墩柱及基础	墩台顶		0.30	不允许贯通墩身截面一半
	墩台、墩柱及基础 经常受浸蚀性水影响	有筋	0.20	
		无筋	0.30	
	常年有水,但无浸蚀性水影响	有筋	0.25	
		无筋	0.35	
	干沟或季节性有水河流		0.40	
	有冻结作用部分		0.20	

注:表中所列除特指外,适用于一般条件。对于潮湿环境和空气中含有较强腐蚀性气体条件下的缝宽限值应要求严格一些。预应力混凝土梁是指全预应力或部分预应力A类结构。

(5)为便于本桥技术状况的评定工作,本指南规定桥梁技术状况的评定工作对象包括北引桥、主桥、南滩桥、南引桥。

2)适应性评定

桥梁的适应性评定是指对桥梁的承载能力、通行能力、抗洪能力周期性地进行评定。评定周期一般为3~6年。评定工作可与桥梁的定期检查、特殊检查结合进行。

承载能力、通行能力的评定一般采用现行荷载标准及交通量,也可考虑使用预测交通量。承载能力评定是将桥梁的实际承载能力与现行设计荷载标准的荷载效应进行比较,反映结构能否达到承载要求。通行能力评定是将设计通行能力与现行交通量进行比较,也可与使用期预测交通量进行比较,反映桥梁能否满足现行(或使用期)交通量的要求。适应性评价可按整条线路统一安排,通过评价可以得到桥梁适应程度的百分比。可按座数求适应性合格率的百分比(合格桥梁座数/整条线路桥梁总座数),也可按总桥长求适应性合格率的百分比(合格桥梁总长度/整条线路桥梁总长度),上述合格率指标均可一定程度地为公路改建决策提供基础资料。

承载能力、通行能力的评定一般依据《公路旧桥承载能力鉴定方法(试行)》和《公路桥梁承载能力检测评定规程》(JTG/T J21—2011)执行。

9.2.3 养护对策

(1)各类桥梁采取不同的养护措施:一类桥梁进行正常养护;二类桥梁需进行小修;三类桥梁需进行中修,酌情进行交通管制;四类桥梁需进行大修或改造,及时进行交通管制,如限载、限速通过,当缺损较严重时应关闭交通。

混凝土梁、墩台裂缝的限值规定见表9-2。裂缝超过表列数值时应进行修补或加固,以保证结构的耐久性。

(2)桥梁大修工作应通过招投标选择专业队伍进行。大修工作开始前一周,应通过新闻媒体向社会公布,以免影响正常的交通秩序。应公开招标选择监理单位对大修工作质量、进度和费用进行监督管理。

(3)按照检查结果,主桥被判为三类桥梁时,应对桥梁进行承载能力进行鉴定,对主梁应力和斜拉索拉力进行测量,以确定桥梁现状能否满足设计荷载要求,是否需要降低荷载等级使用,或是否需要加固后才能正常使用。

9.3 桥梁承载能力鉴定

石首长江公路大桥的承载能力评定方法应在桥梁技术状况评定的基础上,采用分析计算法和荷载试验法,对桥梁的承载能力进行表征和评定。

1)分析计算法

在不具备荷载试验条件时,可以通过理论计算评估桥梁承载力。首先应对桥梁整体,特别是对重要部件、控制部位进行实际检查和调查,借助必要的工具和仪器,取得关于跨径、材料强度、断面尺寸、断面削弱、裂缝、锈蚀程度等数据,再按有关规范和要求进行计算和分析。

2)荷载试验法

荷载试验法是将标准设计荷载或标准设计荷载的等效荷载、或事先根据实际情况拟定的荷载施加于实桥结构的指定位置,对实桥结构的应力分布、变形(包括挠度)进行测量,以此对实桥结构承载力作出判断。荷载试验法是取得桥梁承载力数据最直接、最可靠的方法。荷载试验有静力试验和动力试验两种。对同一座桥梁进行试验时,有时两种均做,有时只做一种。

静力试验的一般内容包括:①结构的竖向挠度、侧向挠度和扭转变形。挠度数据的取得是十分重要的,因为它代表了结构的实际刚度。②控制截面的应力分布,并取得最大值和偏载特性。③支座伸缩、转角,墩顶位移及转角。④是否出现裂缝,初始裂缝荷载,裂缝出现的位置、方向、长度、宽度及卸载后闭合情况。⑤混凝土强度和结构的碳化深度,用无损检测法(如超声法、回弹法)测量混凝土强度。⑥卸载后的残余变形。

动力试验的一般内容包括:①测定桥跨结构在车辆荷载下的强迫振动特性,如冲击系数、强迫振动频率、动位移和动应力等。②测定桥跨结构的自振特性,如自振频率、振型和阻尼特性等。

9.3.1 承载能力鉴定的周期及时机

桥梁结构承载能力鉴定方法应参照《公路旧桥承载能力鉴定方法(试行)》和《公路桥梁承载能力检测评定规程》(JTG/T J21—2011)执行。建议每5～10年对桥梁技术状态进行一次综合评定,确定桥梁承载能力,规定运行条件。承载能力鉴定的时机主要有:

(1)船舶、车辆撞击,地震等突发事件后进行承载力鉴定;

(2)加固、改造后的桥梁,应进行承载力鉴定;

(3)超过设计荷载等级的车辆过桥时,也需借助承载力鉴定认可,方能通行。

9.3.2 基于分析计算法的承载能力评估

影响旧桥承载力的不利因素很多,并且具有非确定性、难以量化的特点。石首长江公路大桥承载能力评估依据《公路旧桥承载能力鉴定方法(试行)》,根据混凝土质量、裂缝宽度及结构的使用状况对承载力进行一定的折减,对抗力效应进行总体修正,即:

$$S_d(\gamma_g G; \gamma_q \Sigma Q) \leq \gamma_b R_d \left(\frac{R_c}{\gamma_c}; \frac{R_s}{\gamma_s} \right) Z_1 \tag{9-1}$$

式中:S_d——荷载效应函数;

γ_g、γ_q——荷载效应组合系数;

γ_c、γ_s——材料强度安全系数;

R_d——结构抗力函数;

γ_b——结构工作条件系数;

R_c、R_s——材料强度设计值;

Z_1——旧桥检算系数,见表9-3。

桥 梁 检 算 系 数　　　　　　　　　　　　　　　　表 9-3

Z_1	桥梁状况
1.0~1.1	桥梁各构件混凝土质量良好，裂缝宽度未超过裂缝限值，桥梁未产生病害，桥梁各部分均能正常工作
0.9~1.0	桥梁构件混凝土质量较差，少数裂缝宽度超过裂缝限值，桥梁产生一般病害，桥梁各部分基本能正常工作
0.9以下	桥梁构件混凝土及钢筋产生严重质量问题，较多裂缝宽度超过裂缝限值或裂缝仍在继续发展，桥梁产生严重病害，带病工作

9.3.3 基于桥梁荷载试验的承载能力评估

桥梁荷载试验是一项复杂而细致的工作，技术含量高，涉及面广。桥梁荷载试验的目的是对新建桥梁竣工验收和已建桥梁运营时进行承载力评定，检测桥梁整体受力性能是否满足设计和标准规范要求，是评定桥梁运营荷载等级最直接、最有效的方法。桥梁荷载试验分为静载试验、动载试验。静载试验通过测试桥梁结构在试验荷载作用下的控制截面的应变、位移或裂缝，分析判定桥梁的承载能力。动载试验包括桥梁动力特性测试和桥梁动力响应测试等，利用车辆荷载（或环境）激起桥梁结构的振动，测定桥梁固有频率、阻尼比、振型等桥梁动力参数，从而判断桥梁结构的整体动力刚度和动力性能。

9.3.3.1 资料的收集

基本资料包括桥梁概况、历史资料、设计文件、施工资质、竣工文件、养护维修资料，以及建桥前后的水文地质资料等。除上述资料外，还应查阅历次日常检查、定期检查和特殊检查所形成的报告及原始记录等养护技术档案，最近一次的静载、动载试验资料尤为重要。应当进行全面研究，分析结构各主要部件的既有病害和受损伤程度。

9.3.3.2 荷载试验目的

一般情况下，桥梁荷载试验主要解决以下问题：

（1）检验桥梁结构的设计与施工质量，验证结构的安全性与可靠性。对于大、中跨度桥梁，均要求在竣工之后，通过试验来具体鉴定其工程质量的可靠性，并将试验报告作为评定工程质量优劣的主要依据之一。

（2）验证桥梁结构的设计理论与计算方法，充实与完善桥梁结构的计算理论与施工技术，积累科学技术资料。随着交通事业的不断发展，采用新结构、新材料、新工艺的桥梁结构日益增多，这些桥梁在设计、施工中必然会遇到一些新问题，其设计计算理论或设计参数需要通过桥梁试验予以验证或确定。在大量试验检测数据积累的基础上，逐步建立或完善这类桥梁的设计理论与计算方法。

（3）掌握桥梁结构的工作性能，判断桥梁结构的实际承载能力。目前，我国已建成了数十万座各种形式的桥梁，在使用过程中，有些已不能满足通行荷载的要求，有些由于各种原因而产生不同程度的损伤与破坏，有些由于设计或施工上的问题本来就存在各种缺陷。对于这些桥梁，通常要采用试验方法，来确定其承载能力和使用性能，并由此确定限载方案或加固改造方案。尤其对于那些原始设计施工资料不全的既有桥梁，为了确定其承载能力与使用条件，荷载试验是必不可少的。

9.3.3.3 荷载试验方案

桥梁荷载试验是一项复杂而细致的工作，应根据试验的目的进行认真调查，必要时进行相关的理论分析。在此基础上周密制订试验方案，对于所有可能出现的问题都要认真考虑并做出处理预案，提出切实可行的试验计划。在试验目的明确之后，试验的主要工作内容有：

（1）试验的准备工作；

（2）加载方案设计；

(3) 测点设置与测试；

(4) 加载控制与安全措施；

(5) 试验结果分析与承载力评定；

(6) 试验报告的编写。

以上荷载试验的主要内容涉及3个阶段：桥梁结构的考察和试验准备、加载试验与观测、测试结果的分析与总结。

桥梁结构的考察与试验准备是桥梁检测顺利进行的必要前提。桥梁结构检测与桥梁结构的设计、施工和理论计算的关系十分密切，现代桥梁的发展对于结构试验技术、试验组织与准备工作提出了更高的要求。准备工作包括技术资料的收集、桥梁现状检查、理论计算、试验方案制定、现场准备等一系列工作。

加载试验与观测是整个检测工作的中心环节。这一阶段的工作是在各项准备工作就绪的基础上，按照预定的试验方案与试验程序，利用适宜的加载设备进行加载，运用各种测试仪器，对结构受载后的各种反应，如挠度、应变、裂缝宽度等进行观测和记录。需要强调的是，对于静载试验，应根据当前所测得的各种指标与理论计算结果进行现场分析比较，以判断受力后结构行为是否正常，是否可以进行下一级加载，以确保试验结构、仪器设备及试验人员的安全，这对于存在病害的既有桥梁尤为重要。

测试结果的分析与总结是对原始测试资料进行综合分析的过程。原始测试资料包括大量的观测数据、文字记载和图片等，受各种因素的影响，原始测试数据常常会有某些杂乱的表现，应对它们进行科学的分析处理，去伪存真、去粗存精，进行综合分析比较，从中找出有价值的规律。在分析手段上，需要运用数理统计的方法并遵照有关规程进行分析，有的数据还要依靠专门的分析仪器和分析软件进行处理。测试数据经分析处理后，按照相关规范或规程以及检测的目的、要求，对检测对象做出科学的判断与评价。

目前，桥梁静载试验应按照我国大跨径混凝土桥梁的试验方法、公路桥梁设计规范或城市桥梁荷载规范进行。最后，综合上述3个阶段的内容，形成桥梁荷载试验报告。

试验方案可根据不同的要求而定，包括试验目的、测试主要内容和要求、加载方法、试验方法等。本桥的鉴定试验内容主要有：

(1) 主塔位移(含顺桥向和横桥向等)；

(2) 索力测试；

(3) 主梁的竖向位移、梁端水平位移及转角、纵桥向水平位移；

(4) 主梁、横梁及主塔控制截面应力分布；

(5) 混凝土强度和结构的碳化深度，用无损检测法(如超声法、回弹法)测混凝土强度；

(6) 主梁的动力特性和动力响应；

(7) 主塔的动力特性和动力响应；

(8) 斜拉索钢丝锈蚀程度的综合评定。

9.3.3.4 静载试验报告的编制

在全部试验资料整理与分析的基础上编写桥梁结构静载试验报告，其主要内容具体如下。

1) 桥梁概况

简要介绍被试验桥梁的结构形式、构造特点、施工概况，文中要附上必要的结构简图。

2) 试验目的

根据试验对象的特点，要针对性地说明结构静载试验所要达到的目的和要求。

3) 试验方案设计

根据荷载试验目的，在试验方案设计中要说明以下主要内容：

(1) 确定测试项目和测试方法、测点布置和仪器配备情况，并附以简图。

(2)试验荷载的形成情况(是汽车荷载,还是模拟的等代荷载)。

(3)根据桥梁结构专用分析程序(或结构力学方法)在测试项目中的控制截面(内力、挠度、变形)影响线或影响面上,分别布置标准设计荷载和试验荷载,从而确定试验荷载效率 η_q,并通过调整试验荷载的布置(如载重车重量、车辆间距等),来满足 η_q 在 0.8～1.05 之间的要求。

(4)确定试验荷载工况种类,并分别以简图示出。

4)试验日期和过程

说明具体组织桥梁静载试验的起讫日期,试验准备阶段的情况,整个试验阶段的特殊问题及其解决办法,试验加载控制情况等。

5)各项试验达到的精度

将本次试验中使用的各种仪器、仪表的类型、精度(最小读数)列表说明,同时还要说明试验中可能用的夹具对试验精度的影响程度。

6)试验资料整理与分析

试验资料整理与分析时,将理论计算值、实测值以及有关的参考限值进行对比,说明理论与实践两者的符合程度,从中得出试验桥梁所具有的实际承载能力、抗裂性及使用的安全度,以及从试验中所发现的新问题。从现场检查的综合情况,说明试验桥梁的施工质量。

7)试验记录摘录

将试验中所得的实测控制数据用列表或以曲线的形式表达。

8)技术结论

根据综合分析的结果,得出最后的技术结论,对试验桥梁做出科学评价。同时根据存在的问题,提出加固方案或维修养护方面的建议。

9)经验总结

从桥梁荷载试验的角度,指出本次试验的计划、程序、测试方法存在的不足并提出改进意见。

10)图表信息

在报告的最后一般要附上具有代表性的图表、照片等。

9.3.4 桥梁承载能力分析

应充分利用已掌握的调查检验资料,根据桥梁的结构特点,综合分析评定桥梁的承载能力及其使用条件。主要包括以下几个方面:

1)结构的强度与稳定性分析

根据设计文件、施工竣工资料、历史定期检查资料、特殊检查资料、静动载试验资料和结构实际损坏程度,参考设计荷载等级作用下的验算情况,对桥跨结构的强度与稳定性进行分析评定。

2)结构刚度分析

主梁的最大竖向挠度及塔顶位移不应超过设计值,荷载试验实测挠度(位移)一般不大于相应计算值。

3)主塔的裂缝宽度限制

主塔的最大裂缝宽度不应超过 0.2mm。

4)斜拉索索力

斜拉索索力不应超过设计值限值。

5)基础

各墩、塔累计沉降不应大于设计容许值。

根据技术状况评定、理论计算和荷载试验等得到的数据,经过分析研究,可做出下述判断和结论:

(1)桥梁技术状况良好或较好,承载力满足设计荷载等级要求,可按设计荷载等级运营使用,只需进行正常保养管理及必要的局部小修。

（2）技术状况较差或不好,承载力不能满足设计荷载等级要求。此时,只能降低使用荷载等级,限速通行。所限荷载等级应由理论计算、荷载试验结果和技术状况分析确定。应拟定中、大修或加固方案,并积极筹备、尽快实施。

（3）桥梁处于危险状态,应立即封桥。通过专家会议决定根治"病患",加固、更换构件,甚至拆除重建。

还需特别提到的是,承载能力分析评定全过程的全部技术资料均应形成技术档案或存入数据库。

第 10 章 桥梁结构的养护维修

对技术状况为一、二类的桥梁应加强小修保养,防止出现明显病害。对技术状况为三类的桥梁应及时进行中修,防止病害加快扩展,影响桥梁安全运营。对技术状况为四类和五类的桥梁,应及时采取管理措施,保证安全,并依据桥梁特殊检查结果和技术论证分析,安排大修或改建。桥梁小修保养由养护施工单位组织实施,大中修工程及专项养护工程由工程施工单位组织实施。

10.1 主桥养护维修

10.1.1 钢箱梁养护维修

10.1.1.1 涂装层的维修

根据桥梁检查的结果,由有资质的专业机构对涂装层提出维修方式,并由专门承担涂装的施工单位制定详细的施工方案实施。涂装层的维修分维护性涂装和重新涂装。

1)涂装前钢结构表面清理

钢结构维护性涂装多采用手工清理,运营中钢箱梁的整孔重新涂装多采用喷砂清理。

(1)手工清理

使用刮刀、敲锈锤、钢刮铲、钢凿子等工具除去旧漆膜、锈蚀和氧化皮,最后用钢丝刷打磨,清除残留的锈蚀和氧化皮等。手工清理方法简单,但工效低,劳动强度大,除锈质量差,适用于日常维护的局部除锈。

(2)小型机具清理

用小型电钻、风钻或软轴带动的钢丝刷、风动锤(单击头、多击头或束形的)、风动除锈铲、风动或电动砂轮等机具对钢箱梁表面进行除锈处理,除锈效率和质量比手工高,但不如喷砂等其他方法好。

(3)喷砂清理

①喷砂作业环境要求(见表10-1)。

喷砂作业环境要求　　　　表 10-1

项　目	控制要求	检测方法
空气相对湿度	≤85%	用干湿球温度计测量,再查表换算,或直接用仪器测量空气湿度
钢板表面温度	≥空气露点温度3℃	钢板温度仪测量
空气露点		露点测试仪或由空气温度和空气相对湿度查表求出

②喷砂、喷漆压缩空气要求(见表10-2)。

压缩空气质量要求 表10-2

项　　目	质 量 要 求	检 验 方 法	备　　注
清洁度	无油、干燥、无杂物	白布打靶试验	白布应无油迹、水迹和颗粒
压力	≥0.6MPa	普通压力表测量	空气出口压力达0.65MPa以上

③喷砂作业工艺参数。

压缩空气(无油、无水):0.6~0.8MPa。

喷距:200~300mm。

喷角:65°~70°(杜绝90°喷砂)。

④喷砂前准备。

根据工艺试验选用可以满足规范中清洁度和粗糙度要求的磨料规格;测量施工环境的温度和湿度以及钢板表面温度,合格后开启空压机,同时检测出气口压缩空气清洁度。

⑤喷砂。

在喷砂过程中,对内外表面同时进行喷砂处理。喷砂时严格按喷砂工艺参数进行施工。在喷砂过程中,每天至少进行一次环境检测,并根据实际情况安排除湿、加温。钢板清洁度等级为Sa2.5级,粗糙度为40~80μm。

⑥吸砂、吸尘。

喷砂后吸砂、吸尘组对工件进行清洁处理。由大功率吸砂机及人工辅助清除砂、尘;并用大功率吸尘机进行真空吸尘,使工件表面彻底清洁。此后进入箱梁内部时必须穿戴干净的手套、鞋套。

(4)钢结构表面清理要求

①一级清理:应全部清除钢结构表面油污、灰尘、腐蚀物以及其他外来物,钢表面应呈现均匀一致的银白色。

②二级清理:应全部清除钢结构表面油污、灰尘、腐蚀物以及其他外来物,无论任何区域允许牢固附着点状或条状氧化皮、铁锈、面积不大于整个钢表面的5%旧涂层,至少95%钢结构表面无任何可见残留物,钢结构表面应呈现近银白色。

③三级清理:应全部清除钢结构表面油污、灰尘以及其他外来物,无论任何区域允许牢固附着点状或条状氧化皮、铁锈、面积不大于整个钢结构表面的1/3旧涂层,至少2/3钢结构表面无任何可见残留物,见表10-3。

钢材表面除锈质量等级 表10-3

序号	等级符号	除锈方式	除锈质量
1	Sa1	轻度的喷射或抛射除锈	钢材表面应无可见的油脂和污垢,并且没有附着不牢的氧化皮、铁锈和油漆层等附着物
2	Sa2	彻底喷射或抛射除锈	钢材表面应无可见的油脂和污垢,并且氧化皮、铁锈和油漆层等附着物已基本清除,其残留物应是牢固附着的
3	Sa2(1/2)	非常彻底地喷射或抛射除锈	钢材表面应无可见的油脂、污垢和氧化皮、铁锈和油漆层等附着物,任何残留的痕迹应仅是点状或条纹状的轻微色斑
4	Sa3	使钢材表面洁净的喷射或抛射除锈	钢材表面应无可见的油脂、污垢、铁锈氧化皮和油漆层等附着物,该表面应显示均匀一致的金属色泽
5	St2	彻底的手动和动力工具除锈	钢材表面应无可见的油脂和污垢,并且没有附着不牢的氧化皮、铁锈和油漆层等附着物
6	St3	非常彻底的手动和动力工具除锈	钢材表面应无可见的油脂和污垢,并且没有附着不牢的氧化皮、铁锈和油漆层等附着物。钢材显露部分的表面应具有金属光泽

2）涂装材料要求

涂装材料体系,不论是局部维护性涂装,还是全结构重涂,所用材料应符合原设计涂层体系不同腐蚀部位要求,涂料颜色应符合初始涂装设计。

(1)维护性涂装

根据涂层劣化等级分别进行4个层次的维护性涂装,即:

①当劣化类型仅为3级粉化时,应清除涂层表层污渍,用细砂除去粉化物层;粉化物层已达中间漆时,应除去中间漆层,覆盖两道中间漆,再涂覆两道面漆;未粉化至中间漆时则仅涂两道面漆,并保持面漆颜色一致。

②当旧涂层未锈蚀、劣化类型为2~3级、仅起泡、裂纹或脱落时,用手动工具或动力工具清理损坏区域周围疏松涂层,并延伸至未损坏涂层50~80mm成坡口,局部涂刷相应各层(底层、中间层及面层)漆。要保持涂层表面一致,可在局部涂刷完成后,再全部覆盖相同颜色面漆。

③当旧涂层已锈蚀、劣化等级为2~3级时,应清除松散层,直至各层良好结合的涂层为止。旧涂层表面清理应达到St3级,即被清理的表面油漆涂层部分应黏附牢固、完好无损,其他部分应无油脂、污物、氧化皮、铁锈和异物,金属基底具有金属光泽,未损坏的涂层区域边缘仍制成50~80mm坡口,然后局部涂装相应底漆、中间漆和面漆。如若保持一致,可在局部面漆完成后,再全部覆盖一层面漆。

④当原富锌底漆锈蚀、劣化等级为2~3级生锈时,应除去疏松的锌涂层以及涂料层,直至良好结合的锌涂层区域为止,钢表面锈蚀清理达到St3级。未损坏的涂料,涂层边缘处理同②、③。

(2)重新涂装

重新涂装周期取决于腐蚀环境条件、涂层厚度和性能。是否进行重新涂装由专业机构根据检查做出评定。

石首长江公路大桥钢箱梁的外表面涂装干膜厚度、涂装层结构及采用的涂料类型属于重防腐涂装系统。钢梁外表面干膜总厚度280μm,内表面的为190μm。外表面防蚀一般可达15~20年。其涂装周期可以采用5年一小修,15~20年一大修。小修即维护性涂装,大修即重新涂装。实际情况仍需按照《铁路钢梁涂膜劣化评定 劣化评定》(Q/CR 731—2019)确定涂层劣化程度。粉化劣化达4级时需进行重新涂装,重新涂装与钢梁的初始涂装要求相同。

①钢板表面处理:喷砂除锈使清洁度达到Sa2.5级,粗糙度为40~80μm。

②涂装工艺要求:涂层材料宜采用原设计的材料,参考原施工工艺进行重新涂装。如更换漆种,应进行专家评审,新漆种应与原涂层材料具有良好配套性。

10.1.1.2 裂纹的修复

1)漏检的裂纹处理措施

对于钢箱梁、锚锚梁等全焊结构,已经过出厂全面检查,一般焊缝缺陷应不大于规范容许值,且母材和焊缝不允许出现裂缝。对于漏检的焊缝、成型缺陷和超出规定较大的咬边、焊缝缺陷、余高,可以用小砂轮顺受力方向仔细打磨成缓坡匀顺,对超出规定不大或熔深不够的缺陷,做标记并连续观测是否会引发裂纹,如果不开裂可不处理。

2)新生裂纹处理措施

对于检查发现已经发展的漏检裂纹或新生裂纹,除做标记、探明其种类、位置、方向、长度、深度、形状(穿透、椭圆)性质做好记录、拍照外,应先立即采取止裂措施。作为临时应急措施,可于板件裂纹端外0.5~1.0倍板厚处钻孔,以防止其进一步扩展,并及时根据裂纹性质及扩展走向采取措施修复加固。

3)裂纹修复

修复裂纹应优先采用焊接方法,一般按以下顺序进行:

(1)清洗裂纹两边80mm以上范围内板面油污至露出洁净金属面。

(2)用碳弧气刨、风铲或砂轮将裂纹边缘加工出坡口,直达纹端钻孔,坡口形式应按设计要求并根据板厚和施工条件按《气焊、焊条电弧焊、气体保护焊和高能束焊的推荐坡口》(GB/T 985.1—2008)的要求选用。

(3)将裂纹两侧及端部金属预热至100~150℃。

(4)采用与钢材相匹配的低氢焊条或超低氢焊条,以小直径焊条分段分层逆向施焊。

一般要求如下:

(1)按设计要求检查焊缝质量。

(2)堵焊后表面应磨光,使之与原构件表面齐平,磨削痕迹线应大体与裂纹切线方向垂直。

(3)对主要承重构件或厚板构件,堵焊后应立即进行退火处理。

4)附加盖板修补

用附加盖板修补裂纹时均采用双层盖板,此时裂纹两端仍须钻孔。当盖板用焊接连接时,应设法将加固盖板压紧,其厚度与原板等厚。焊脚尺寸等于板厚,盖板尺寸和焊接要求应符合相关规定。当采用高强度螺栓连接时,均采用小直径螺栓,在裂纹的每侧用双排螺栓,盖板宽度以能布置螺栓为宜,盖板长度每边应超出裂纹端150mm。

5)钢箱嵌板修补

对网状、分叉裂纹和有破裂、过烧、烧穿等缺陷的钢箱等,宜采用嵌板修补,修补顺序如下:

(1)用矩形标出缺陷的区域,在缺陷区域每边向外扩展100mm画出带圆角的矩形进行切割。

(2)用等厚度、同材质的嵌板嵌入切除部位,嵌板长短边均应比切口小2~4mm,其边缘加工成符合焊接缝要求的坡口形式。

(3)嵌板定位后,将孔口四角区域预热至100~150℃,并按照一侧长边中心开始,对称向两侧的顺序,采用分段分层逆向焊法施焊。

6)检查焊缝质量

若焊缝质量不合格,应刨去焊缝、清根、重新施焊。焊缝质量合格后,打磨焊缝余高,使之与原构件表面齐平。

7)焊缝裂纹处理措施

处理焊缝裂纹时,需经专家评定制订符合规范要求的处理工艺,由专业焊工进行补焊。补焊时考虑卸除部分恒载或禁止活载通过,在适当气温下进行。

10.1.1.3 板件局部塑性变形、扭曲、孔洞等病害处理

一般情况下采用螺旋矫平器、千斤顶和加力架进行矫平,最好不用大锤敲击,以免开裂;慎用热矫,当必须采用热矫时,须制定热矫工艺,并考虑卸除部分恒载。严重时须搞清楚原因,由专家评定后再制定修复及加固方案。对孔洞缺陷可采用高强度螺栓连接加固,不能随意补焊补强板。

当构件可拆下修复或易于更换时,可拆下修复或更换新件。

10.1.1.4 高强度螺栓的维修

(1)高强度螺栓的更换,对于大型节点,更换数量不超过10%;对于螺栓数量较少的节点,则要逐个更换,以防止节点滑动。如板面(摩擦面)不满足要求,应进行处理。

(2)恒载下采用栓接加大截面加固构件,加固件与被加固件相互压紧后,应从加固件中间向端部逐次钻孔、安装,并拧紧螺栓,尽可能减少加固过程中截面的过大削弱。

(3)如发现油漆破裂、脱落,首先应判断高强度螺栓是否松动或断裂。若发现高强度螺栓松动或断裂,则应将松动的高强度螺栓复位、断裂的高强度螺栓更新。若仅是油漆破裂、脱落、锈蚀,则应立即按工艺进行涂装。对于流锈水的钢构件,应以高压风吹干,腻子封堵板缝后,重新油漆。

(4)高强度螺栓松动或断裂,其复位及更换方法如下:将高强度螺栓抽出,清理螺孔及支承面锈斑及污物,更新螺栓;高强度螺栓可采用扭矩法复位或更换。

10.1.1.5 除湿机的管理与养护

大桥养护施工单位应密切监控除湿机的运行情况及钢箱梁内的相对湿度。应注意定期对除湿系统进行检查与维护,保证除湿机正常运转,确保箱内湿度小于50%,避免钢箱梁锈蚀。

10.1.2 主塔维修

10.1.2.1 主塔的经常性养护

(1)保持斜拉索锚固区内清洁,无油污及尘垢,无杂物和积水;锚固螺栓、连接螺栓无松动、无断裂、无锈蚀;拉索锚头、钢工作平台等无锈蚀,塔内升降梯、塔内人行楼梯完好无缺,各构件无锈蚀。

(2)主塔内的检修爬梯,每季度重点检查保养1次,在上塔前应先检查其可靠性,保证安全。检查梯每5年除锈、涂漆1次。

(3)塔门、塔内的检查梯道的防锈漆如有脱落应及时补漆,并应定期(如3~5年)检查塔身外表的防腐涂层,发现问题及时处理。

10.1.2.2 主塔混凝土结构养护维修

1)基本规定

(1)混凝土结构裂缝和缺陷修补的范围及方法,应根据调查结果、设计资料,分析产生裂缝和缺陷的原因,根据所处腐蚀环境并结合结构物所要求的耐久性、承载能力、安全性、经济性等因素综合考虑。

(2)修补的混凝土结构应是相对稳定的。混凝土结构在裂缝稳定后才能进行修补。当气温低于5℃或高于32℃时,一般不宜施工。

(3)除另有规定外,混凝土结构出现裂缝应按下列规定进行处理:

①对于非结构裂缝,当裂缝宽度 $d \geqslant 0.15$ mm,应采用化学灌浆修补;裂缝宽度 $d < 0.15$ mm 应采用表面封闭修补。

②对于结构裂缝,当裂缝宽度 $d \geqslant 0.1$ mm,宜采用弹性模量较小、黏结强度较高,且收缩小的树脂类材料进行化学灌浆修补;当裂缝宽度 $d < 0.1$ mm,宜采用弹性模量较小的树脂类胶泥封闭修补。

2)修补方案

(1)加固型:修补目的是恢复或部分恢复结构承载力,恢复结构整体性,有应力要求。

(2)防渗型:只防渗堵漏止水,无强度要求。

(3)保护型:只要求延长寿命,无应力和防渗要求。

为实现修补目的,采用如下4种修补处理方法。

(1)补强处理:恢复结构承载力或结构整体性的修补处理。

(2)深层处理:混凝土破损严重,裂缝深度超过保护层厚度的修补处理。

(3)浅层处理:混凝土表层缺陷深度不超过钢筋保护层的修补处理。

(4)表层处理:混凝土表面出现砂斑、砂线、蜂窝、麻面、表层裂缝缺陷的修补处理。

具体实施方案可根据混凝土结构裂缝和缺陷的调查结果,并参考表10-4制定修补方案。

混凝土结构裂缝和缺陷修补方案　　表10-4

修补要求	处理方案		
	深层处理	浅层处理	表层处理
防渗型	化学灌浆	树脂砂浆	树脂砂浆
	特种混凝土	聚合物砂浆	聚合物砂浆
	树脂混凝土	防水材料	防水材料
	树脂砂浆	有机硅渗透剂	—

续上表

修补要求	处理方案		
	深层处理	浅层处理	表层处理
防渗型	聚合物混凝土	—	—
	聚合物砂浆	—	—
	防水材料	—	—
保护型	化学灌浆	树脂砂浆	聚合物砂浆
	树脂砂浆等	聚合物砂浆	树脂砂浆
	—	高标号砂浆	

3）修补材料

（1）一般规定

①混凝土修补材料的选择，应根据修补工程的技术要求、施工条件和结构的使用环境条件，结合材料的物理力学性能、工艺性能及材料的供应和费用等因素，综合分析确定。水泥等材料的品种或性能应与原结构品种相同或性能相近。

②混凝土修补中使用的树脂砂浆、树脂混凝土、聚合物砂浆、聚合物混凝土，应检验力学性能，其各项性能指标必须符合设计、施工要求。

③修补材料均应单独密封，放置在阴凉、通风处，由专人保管，并应防火。

④修补工程应选用无毒或低毒材料。必须使用有毒材料时，应采取有效措施，防止环境污染和人体中毒。

（2）混凝土或砂浆原材料

①修补工程中，混凝土或砂浆所用水泥、细集料、粗集料、外加剂、拌和水及混凝土的强度等级的选择应符合相关技术规范。修补混凝土的耐久性指标不得低于结构本体混凝土的耐久性要求。

②根据工程要求可选用膨胀水泥或快硬水泥。

③在混凝土防渗堵漏修补中，配置防水砂浆的外加剂可选用防水剂、膨胀剂和高效减水剂等。嵌缝止水用的速凝砂浆可采用堵漏剂或水玻璃等促凝剂配制，也可用改性树脂腻子。

④修补工程中聚合物砂浆和聚合物混凝土所用水泥，宜优先选用硅酸盐水泥和普通硅酸水泥，水泥质量应符合现行国家标准，严禁使用过期水泥或受潮水泥。

（3）黏结剂

①混凝土修补工程中选用的环氧黏结剂及配合使用的各种组分的质量均符合国家现行有关标准的规定。

②老混凝土与修补用混凝土、老混凝土与修补用砂浆之间的粘接，应采用界面处理剂，界面处理剂应符合《混凝土界面处理剂》（JC/T 907—2018）的有关要求。

③混凝土裂缝防渗堵漏应选用在固化后具有抗渗性、耐久性和一定强度及韧性，且稳定性好的聚氨酯类等灌浆材料。

④环氧黏结剂的材料性能应符合相关技术要求。

（4）化学灌浆材料

混凝土裂缝修补工程中，涉及的化学灌浆材料性能应符合相关技术要求。

4）混凝土缺陷修补

（1）混凝土浅层缺陷的修补应符合下列规定：

①混凝土浅层缺陷的修补包括混凝土表面破损深度不超过钢筋保护层的混凝土构件修补。

②修补材料宜选用环氧树脂水泥砂浆、防水材料、微膨胀水泥砂浆及高分子聚合物等，面积较大时可采用喷射砂浆或混凝土。

③混凝土浅层缺陷修补的施工应满足下列要求：

a.混凝土表面的松散层、附着物、油污、污垢、灰尘等应清除干净；

b.配置修补材料时，应称量准确，搅拌均匀；

c.裸露钢筋应除锈，并涂一薄层环氧浆液，或防腐涂层，在尚未固化前再压抹修补材料；

d.修补材料应具有一定的初凝时间，满足被粘混凝土构件的定位、调整及保证修补材料在固化前完成修补等工序要求；

e.修补材料一次或分次嵌入缺陷，并抹平修整。

（2）混凝土表层缺陷的修补应符合下列规定：

①混凝土表层缺陷的修补包括混凝土表面出现蜂窝、麻面、表层裂缝缺陷的混凝土构件修补。

②修补材料宜采用有机硅渗透剂、聚合物水泥浆、砂浆或环氧水泥浆、砂浆、防水材料等。

③混凝土表层缺陷修补的施工应满足下列要求：

a.混凝土表面缺陷处应打毛，并露出密实部分；

b.配制修补材料时，应称量准确，搅拌均匀；

c.应仔细涂布、压抹修补材料；

d.应进行表面修整，必要时表面应涂布有机硅渗透剂。

（3）混凝土防渗堵漏应符合下列规定：

①混凝土防渗堵漏应包括混凝土结构表面缺陷导致的渗漏修补。

②防渗堵漏的材料和方法应根据混凝土结构表面缺陷和环境的情况确定。修补材料可采用化学灌浆材料、有机硅渗透剂等。

③混凝土防渗堵漏施工应满足下列要求：

a.应将待处理的混凝土表面适度打毛，并刷洗干净；

b.应堵塞表面的渗水孔洞，必要时应进行灌浆处理；

c.应在渗水面上大面积涂刷一定厚度的防渗堵漏材料；

d.应进行表面修整或压抹一层砂浆保护防水层。

5）灌浆修补

应根据灌浆的作业条件和混凝土结构或构件修补要求，按表10-5选择灌浆方法及灌浆材料。

不同条件下使用的灌浆材料 表10-5

作业条件	灌浆材料要求	
	防渗性	耐久性
干燥	环氧树脂类	化学灌浆
	甲基丙烯酸酯类	环氧树脂
	聚氨酯类	聚氨酯类
潮湿	环氧树脂类	化学灌浆
	聚氨酯类	环氧树脂
	丙烯酸盐类	聚氨酯类
带水	聚氨酯类	化学灌浆
	丙烯酸盐类	环氧树脂
	—	聚氨酯类
	—	丙烯酰胺类

灌浆施工应符合下列规定：

（1）应清除混凝土裂缝表面松散物和缝内异物。

（2）剔缝的深度由混凝土的厚度和灌浆压力确定，宜为15～50mm。

(3) 设置灌浆嘴,间距可由缝宽及注浆设备而定,宜为 300~1000mm。灌浆位置应设在裂缝端部、裂缝交叉处和裂缝较宽处。贯穿裂缝构件两个侧面都应埋设灌浆嘴。

(4) 干燥裂缝宜采用环氧砂浆埋设灌浆嘴和封缝,也可用环氧腻子。

(5) 对渗水或涌水状态下的裂缝应先进行引水处理,然后用速凝水泥或堵漏剂施作快速封缝和埋设灌浆嘴。

(6) 应逐一加压检查灌浆嘴的连通和封闭效果。在有水流的情况下,采用注红色水进行检查,压力应大于灌浆压力。

(7) 应按试验确定配比,准确称量各组成材料,搅拌随配随用。

(8) 灌浆顺序:垂直缝应自下而上,水平缝自一端向另一端逐一进行。灌浆压力一般不小于 0.3MPa。

(9) 应待浆液固化后,拆除灌浆嘴,并对混凝土表面进行修整处理,使其表面平整、洁净、色泽接近。

6) 混凝土表面缺陷修补

(1) 混凝土表面缺陷是指边角缺损、表面不平整、孔洞蜂窝、油污、错面、裂缝等。

(2) 边角缺损修补要求:长度≥10cm、厚度≥2cm 均需用夹板,采用高于梁体混凝土强度等级的细石混凝土修补,并注意养护,现浇混凝土表面可适度放宽。

(3) 表面不平整修补要求:混凝土表面的凹坑均需混凝土填平,即将凹坑处混凝土表面凿毛,然后用高于梁体混凝土强度等级的细石混凝土填平,并注意养护。

(4) 油污处理要求:箱梁底面混凝土的油污可采用无害清洁剂清洗等无破损方法处理。

(5) 错台修补要求:外表混凝土接缝错台≥5mm 的应进行处理。

(6) 孔洞蜂窝修补要求:混凝土表面的孔洞蜂窝无论大小均需修补,蜂窝面积≥0.1m^2、深度≥3cm 或钢筋外露的蜂窝须进行专题研究并制订方案,审定后进行修补。孔洞蜂窝修补的具体要求:

① 将孔洞蜂窝处表面的松散混凝土凿除,直至露出密实混凝土为止。

② 用淡水清洗湿润混凝土表面。

③ 涂刷界面剂。

④ 采用高于梁体混凝土强度等级的干硬性细石混凝土,分层粘贴修补面,并用木槌敲击,使之粘贴密实牢固,最后用水泥砂浆抹平。腹板外侧的蜂窝也可在表面清理的基础上立模浇筑细石混凝土,然后凿除多余的混凝土并用砂浆抹平。

对于桥塔出现沉降或主塔偏位超过规范规定时,应根据检查结果,立即组织专家制定维修加固方案。

10.1.2.3 主塔涂层运营期的养护维修

(1) 涂装工程在使用过程中应定期进行检查,如有损坏应及时修补;修补用的涂料应与原涂料相同或相容。

(2) 当涂层达到设计使用年限 20 年时,应首先全面检查涂层的表观状态。当涂层表面无裂纹、无气泡、无严重粉化时,再检查涂层与混凝土的黏结力。当黏结力仍不小于 1MPa 时,则涂层可保留继续使用,但应在其表面喷涂两道原面层涂料,喷涂前,涂层应以饮用水冲洗干净。

(3) 当检查发现涂层有裂纹、气泡、严重粉化或黏结力低于 1MPa 时,可认为涂层的防护能力已经失效。再做涂层保护时,应将失效涂层用汽油喷灯火焰灼烧后铲除,再用饮用水冲洗干净后方可涂装;可使用原配套涂料,或重新设计配套涂料进行施涂。

10.1.2.4 钢锚梁的专项检查与维护

(1) 检查塔内锚固区钢锚梁锚板、顶板、底板等构件有无表面裂纹、局部变形等现象。

(2) 检查钢锚梁各部件涂层有无粉化、起泡、裂纹、脱落、生锈等劣化情况,详细记录涂层的损坏情况。

(3)检查钢锚梁各部位是否有由于疲劳而引起的裂缝,特别是应力集中区以及锚固部分。检查部位如发现焊接钢结构有裂缝,对有损伤裂缝的构件和焊缝等,应经常观察其发展情况,标上颜色,并对裂缝起讫位置、缝宽等情况进行详细记录,并及时报大桥养护施工单位。

10.1.3 斜拉索的日常维护

10.1.3.1 斜拉索的日常维护

斜拉索(图10-1)是斜拉桥中对损伤最敏感的构件,斜拉索事故也是斜拉桥面临的主要问题。

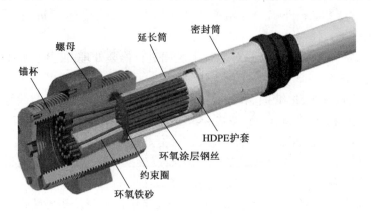

图10-1 斜拉桥锚具形式三维图

(1)斜拉索两端锚具及护筒应做好防潮、防锈处理,经常保持清洁和干燥。塔端锚头若漏水、渗水,应及时用防水材料封堵。梁端锚头若漏水、积水,应及时将水排出,并封堵水源。

(2)应定期对索端钢护筒与套管连接处的防水垫圈及阻尼垫圈,做好搭接处的防水处理。

(3)应定期对索端钢护筒做涂漆防锈处理。

(4)若发现拉索护套外层PVF、风雨线损坏,护套外层开裂、漏水、渗水等现象应及时处理。必要时,可剥开已损坏护套,对已潮湿的钢索应吹干,对已生锈的钢索应做好除锈处理,再涂刷防腐漆及防腐油,并用玻璃丝布或其他防护材料包扎严密。

(5)应定期更换拉索两端锚具锚杯内的防护油脂。

(6)斜拉索的减振装置要保持正常工作状态,发现异常或失效要及时维修。

(7)对斜拉索损坏处应及时进行修补,并对锚垫板进行防锈处理。当发现冷铸锚裂缝或破损,应及时向桥梁运营管理单位书面报告,申请更换此斜拉索。

10.1.3.2 斜拉索的索力调整与更换

1)斜拉索索力调整

(1)索力调整的原则

①主梁线形良好,索力与设计值偏差不超过10%,一般不进行索力调整;线形有偏差同时索力偏差超过10%较多时进行索力调整。

②大、中修后,桥面铺装更换以及恒载分布有改变时,进行索力调整。

③重大突发损伤事件后,应全面检测索力,必要时进行索力调整。

(2)索力调整

索力调整应在事前做好全桥结构的理论分析和原设计值的研究,并在计算数据指导下进行;

索力调整应在温度稳定的季节和时段进行;

索力调整的液压系统应通过鉴定,系统总误差在±1%以内;

索力调整应于桥上无活载条件下进行;

调整索力应上下游同一编号拉索同时进行；

索力调整应同时进行主梁、主塔应力与位移测试，以求建立斜拉桥良好的恒载状态；线形满足计算值要求，索力与设计值偏差在±5%以内。

2）斜拉索更换

由专业机构根据检查结果做出判断斜拉索是否需要更换。

换索前及换索后均应对换掉的索和新索进行索力检测，同时复核线形数据，必要时应做适当调整。

当原设计未考虑一根索丧失承载力的结构储备时，应采取通过计算减少车道活载或封闭交通等措施。

换索施工应严格按照设计规定的程序及工艺要求进行，卸索松索及装束张拉应对称、分级进行，并要求边施工、边监控桥面高程的变化，控制在施工过程中张拉索及邻近拉索的索力变化在安全范围内。

10.1.3.3 斜拉索锚固检查

1）斜拉索梁端锚固检查

对混凝土箱梁检查、检测时，应按顺序逐个检查梁端锚具及周围混凝土的外观情况，检查锚具是否生锈，周围混凝土是否开裂、潮湿，锚具内是否有水流出。可根据外观检查情况拆开不锈钢防护罩，打开后盖，抽检锚杯内是否有积水、生锈，防锈油是否失效。

对钢箱梁检查、检测时，应按顺序逐个检查梁端锚具及周围钢构件的外观情况，检查锚具是否生锈，周围钢构件是否生锈、焊缝是否牢靠，锚具内是否有水流出。可根据外观检查情况拆开不锈钢防护罩，打开后盖，抽检锚杯内是否有积水、生锈，防锈油是否失效。

对混凝土箱梁及钢锚箱连接的钢箱梁斜拉索梁端锚固构造桥面以上部分检查、维修工作及其技术要求如下：

（1）拆除拉索护罩排出积水，检查拉索PE护套是否良好。

（2）检查拉索减振装置零部件是否齐全，有无松动、开裂。零部件包括楔固件、拉杆、螺母、减振器铁套、减振橡胶圈、钢丝、吊环螺钉、发泡材料等。

（3）检查拉索护罩及橡胶楔条、橡胶塞是否老化、锈蚀、损伤，螺栓、垫圈有无缺少与损坏。

（4）清除钢管壁上的铁锈，除锈标准应达到《公路桥涵施工技术规范》(JTG/T 3650—2020)中钢件除锈质量要求的手工和动力工具除锈St2等级标准。钢材表面应无可见的油脂和污垢，没有附着不牢的氧化皮、锈和油漆涂层等附着物。

（5）对混凝土主梁，应检查钢筋网与拉索PE护套是否有碰磨之处，PE护套是否受损。

（6）应在拉索导管内壁涂刷一层防护油。

（7）拉索护罩清理干净，将橡胶楔条嵌入护罩小口端圆弧上的凹槽中（护罩外侧露出10mm橡胶），并在护罩大口端内侧的4个孔中塞入橡胶塞，然后在护罩的两个拼合面上均匀涂刷密封胶，上下对拼在拉索与钢管上，拧紧螺栓（每幅护罩配M12×40螺栓4个及其配套垫圈8个、螺母4个、弹簧垫圈4个）。

（8）每次检修须做好检修记录并签认确定。

（9）发现问题应及时向养护工程部反映，任何时候未经允许不得在锚头结构上作氧气切割。如需氧气切割时，必须有防火措施和工程技术人员在场。

对混凝土箱梁斜拉索梁端锚固构造桥面以下部分检查、维修工作及其技术要求如下：

（1）检查不锈钢护罩、后盖、压板、橡胶垫板及螺栓、垫圈是否齐全，若缺少时应补装、拧紧。

（2）锚头漏水孔疏通，排水至干净（采用直径6mm钢纤反复捅孔排水）。

（3）检查锚块混凝土（尤其是锚垫板附近混凝土）裂纹，混凝土是否有缺角、蜂窝、露筋等缺陷，若有时应进行修补处理。

（4）清除（凿除）锚垫板附着的薄层混凝土或砂浆（厚度小于15mm）。

(5)锚垫板除锈并油漆。可采用环氧类油漆,该漆对除锈和涂刷施工均有严格要求,所以其除锈和油漆施工应按其技术要求处理。

(6)清除锚头后盖、螺栓和螺母表面的砂浆、灰尘、污垢及铁锈(特别是螺栓和槽内杂物必须用毛刷或吹风清扫干净),涂刷黄油1层。

(7)安装好不锈钢护罩,拧紧螺母。

(8)做好检修施工记录。

对钢锚箱连接的钢箱梁斜拉索梁端锚固构造桥面以下部分检查、维修工作及其技术要求如下:

(1)检查不锈钢护罩、后盖、压板、橡胶垫板及螺栓、垫圈是否齐全,若缺少时应补装、拧紧。

(2)目测锚固加劲构造的变形和焊缝处质量,如有条件可进行应力(应变)测试;检查锚固系统防腐层的防护效果,问题部位应除锈并油漆。

(3)检查锚垫板受力与防腐状况,问题部位应除锈并油漆。

(4)清除锚头后盖、螺栓和螺母表面的灰尘、污垢及铁锈(特别是螺母和槽内杂物必须用毛刷或吹风清扫干净),涂刷黄油1层。

(5)做好检修施工记录。

2)斜拉主塔端锚固构造检查、维护

(1)检查斜拉索锚具钢护罩、垫板、螺栓和垫圈是否齐全,若缺少相关零件应补充和紧固。

(2)锚头泄水口是否疏通,应没有存水。

(3)检查锚垫板受力与防腐状况,出现油漆剥落的部位应除锈并油漆。其除锈油漆施工要求与梁端维修要求相同。

(4)检查主塔钢锚箱锚固部分混凝土裂纹、缺角、蜂窝露筋等缺陷,若有应及时进行修补处理。

(5)清除锚头后盖、螺栓和螺母表面的灰尘、砂浆、污垢及铁锈等杂物,涂刷黄油1层。

(6)检查斜拉索减振装置拉杆、螺母、减振橡胶圈、铁套、钢丝、发泡等零部件是否齐全,有无松动和开裂。

(7)检查斜拉索是否位于索导管的中心处,是否在振动时摩擦斜拉索外防护PE套管。

10.1.4 阻尼器的检查与养护

10.1.4.1 阻尼器的设置

NA01~NA26、NJ01~NJ26、SJ01~SJ26,SA01~SA26号斜拉索塔端均设置内置式阻尼器(减振橡胶圈)。NA01~NA26、NJ01~NJ26、SJ01~SJ26、SA01~SA26号斜拉索梁锚固端均安装了外置式阻尼器,安装高度共有2.4m、2.5m、2.6m、2.7m、2.8m、2.9m、3m共7种不同类型。

10.1.4.2 斜拉索阻尼器的检查

(1)阻尼器检查周期:斜拉索上设置的阻尼器的检查周期与斜拉索相同。

(2)检查阻尼器零部件是否齐全、有无松动、开裂。零部件包括楔固件、拉杆、螺母、减振器铁套、减振橡胶圈、钢丝、钢筋网、发泡材料等。根据外观检查情况,适时抽检阻尼器的防水情况和橡胶老化变质情况。

(3)观察减振设施(两端阻尼器)是否损坏失效。

(4)对内置式、外置式阻尼器的检查方法参见有关技术要求。外置式阻尼器的日常检查必须注意是否发生阻尼外溢的现象。

10.1.4.3 塔梁阻尼器的检查

阻尼器后期维护工作要达到整齐、清洁、坚固、润滑、防腐、安全等要求,具体工作包括:

(1)在日常维护时,只需直观观察其是否正常工作,如果没有异常情况,则无需过量维护。日常检查时应注意,阻尼器耳板和销轴是阻尼器重要组件,该部件长期处在带负荷状态,因此,保证这些部件的灵活性及完好状态特别重要,并且不应出现对性能有害的生锈。

(2)观察阻尼器是否有紧固螺栓松动,涂装风化剥落和异常变形等明显的缺陷或缺损也是日常巡检工作的重要内容。

(3)可对阻尼器每隔1年进行一次原位常规检查;对滚珠丝杠进行润滑维护及阻尼器其他部件表面部分的除锈与喷涂,可以延长阻尼器的正常工作年限。塔梁阻尼器具体检查项目如表10-6所示。

塔梁阻尼器检查项目　　　　　　　　　　表10-6

序　号	检查项目	防范措施
1	螺栓松动	牢固拧紧
2	生锈	除锈并做防锈处理
3	磨损	加润滑脂或更换零件
4	变形或损伤	更换零件

10.1.4.4　阻尼器的养护

对内置式、外置式阻尼器的养护维修方法参见有关技术要求。定期更换阻尼垫圈,并做好搭接处的防水处理。

10.1.5　支座的日常养护及检查

10.1.5.1　支座的日常养护

斜拉桥支座采用球形钢支座,常见病害主要有局部变形,钢构件锈蚀,表面防锈油脂老化、开裂,灌浆层不密实、厚度不满足要求,连接螺栓未拆除等。

10.1.5.2　抗震支座的专项检查和维护

1)竖向支座

应严格对竖向支座进行定期检查,维护防腐保护层,监视支座滑移面材料的磨耗情况,具体要求见表10-7。根据检查结果确定是否更换支座材料。

竖向支座检查项目及方法　　　　　　　　　　表10-7

检查内容	检查频率	养护措施
(1)将上部盖罩和基部护罩拆下,测量聚四氟乙烯(PTFE)H形突起物高度; (2)测量横桥向滑动面不锈钢底板与下底面母板之间PTFE的厚度; (3)测量支座横向位移	每年一次	当滑动面高度降至1mm,即应更换聚四氟乙烯。更换是项特定的技术工作,必须由专业人员进行
检查上部盖罩和基部护罩的完整情况	每年一次	记录完整性检查情况,如出现孔洞或压扁现象,则应更换上部盖罩和基部护罩
检查锈蚀情况	每年一次	记录锈蚀检查情况。所有拉环孔或记数孔、洞均应填满硅脂油
不锈钢合金表面	每年一次	应保证不锈钢合金表面无尘和碎块物体。用清洁柔软、无研磨剂的布擦拭干净
测量顶部球形支座母板与底板之间转动角度	每月一次	测量四周距离

2)横向抗风支座

应严格对横向抗风支座进行定期检查,维护防腐保护层,监视支座滑移面材料磨耗情况,具体要求见表10-8。应根据检查结果确定是否更换支座材料。

横向支座检查项目及方法　　　　　　表10-8

检查内容	检查频率	养护措施
测量"H"形突起物	每年一次	记录测量结果
检查盖罩的完整情况	每年一次	1.记录完整检查情况; 2.如出现孔洞或压扁现象,则应更换盖罩
检查锈蚀情况	每年一次	记录锈蚀检查情况
测量缝隙宽度	每月一次	

3)抗震支座的更换

钢制球形减(隔)振支座如经检查发现需要更换,应由专业资质单位提出更换设计和施工方案,经专家论证后报主管部门批准执行。

10.1.6 主塔电梯的检查与养护

10.1.6.1 电梯行驶前检查注意事项

当发生以下故障时,电梯应立即停用,并报告管理人员或检修人及时进行修理:

(1)层门、轿门关闭后电梯不能正常行驶。
(2)电梯速度显著变化时。
(3)层门、轿门关闭前电梯自行行驶时。
(4)行驶方向与选定方向相反时。
(5)内选、平层、快速、召唤和指层信号失灵时(驾驶员应立即揿按急停按钮)。
(6)发觉有异常噪声、较大振动和冲击时。
(7)当轿厢在额定载重下,有超越端站位置而继续运行时。
(8)安全钳误动作时。
(9)接触到电梯的任何金属部分有静电现象时。
(10)发觉电气部件因过热而发出焦热的臭味时。

10.1.6.2 电梯行驶过程中检查

(1)开启层门进入轿厢之前,需要注意轿厢是否停在该层。
(2)轿厢内必须有足够的照明,在使用前必须先将照明灯打开。
(3)每天开始工作前,将电梯上下空载运行数次,无异常现象后方可使用。
(4)层门关闭后,从层门外不能用手拨启,当层门、轿门未关闭时电梯不能正常启动。
(5)平层精确度应无明显变化。
(6)经常清洁轿厢内、层门及乘客可见部分。
(7)在服务时间内不可擅自离岗,如必须离岗或电梯停用,应断开电源并将厅门关闭锁好。
(8)操作员应负责监督控制轿厢的载重量,不得超载使用电梯。
(9)不允许装载易燃、易爆的危险品,如遇到特殊情况,需经电梯安全管理负责人员同意和批准并制定安全保护措施后才可装运。
(10)严禁在层门开启的情况下,启动或保持电梯检修和正常运行状态,也不允许用检修操作来代替正常电梯运行操作。
(11)电梯的厅门等电气开关等安全装置不能短接,也不可用其他物件塞住,使其失效而不能起到应有的安全作用。

（12）应劝阻乘客在行驶中勿倚靠在轿厢门上。

（13）轿厢顶上部除电梯固有设备外，不得放置其他物品。

（14）当电梯运行时不得对电梯进行擦油、润滑等工作，或对电梯部件进行修理。

（15）在行驶中应用撤扭开关或手柄开关来"开"或"停"，不可利用电源开关或限位开关等安全装置来"开"或"停"电梯，更不可利用物件塞住控制开关来开动轿厢上下运行。

（16）行驶中，驾驶人员和随乘人员不可把手、头、脚伸出轿厢外，也不可在厅门外把手、头、脚伸入井道内，以防发生轧碰事故。

10.1.6.3 电梯发生紧急事故时的操作

（1）因电梯安全装置动作或外电停电而中途停机时，一方面告诉乘客不要惊慌，严禁拨门外逃；另一方面通过电梯厢内的紧急报警装置通知工作人员前来救助。

（2）电梯突然失控发生超速运行，虽然断电，但无法控制时，可能造成钢丝绳断裂而使轿厢坠落，或可能因漏电而造成轿厢自动行驶的，操作员首先应按撤急停按钮，断开电源，就近停层；如电梯继续运行，则应重新接通电源，操作按钮使电梯逆向运行；如果轿厢仍自行行驶无法控制，应再次切断电源。操作员应保持冷静，等待安全装置自动发生作用，使轿厢停止，切勿跳出轿厢。同时告诉随乘人员将脚跟提起，使全身重量由脚尖支撑，并用手扶住轿厢，以防止轿厢冲顶或冲底而发生人员伤亡事故。

（3）发生电气火灾时，应切断电源并立即报告有关部门前来救援，在电源未切断前应选用含有干粉或"1211"或二氧化碳等材料灭火器进行扑救。

（4）遇井道底坑积水和底坑内电气设备被浸在水中，应将全部电源切断后，方可把水排除，以防发生触电事故。

（5）电梯发生事故，操作员必须立即停止电梯运行，抢救受伤人员，保护现场。移动的现场须设好标记，并及时报告有关部门，听候处理。

10.1.6.4 设备的维修保养

1）一般要求

（1）建立正确的维修保养制度，对石首长江公路大桥塔内电梯进行经常性的管理维护和检查。使用单位应设专人负责，建立维修保养结构，负责设备的维修保养。亦可委托专门检修、保养电梯的单位承担维修保养。

（2）石首长江公路大桥塔内电梯采用委托维修保养的，维保单位应取得同类设备安装、改造、维修许可。

（3）应当保持石首长江公路大桥塔内电梯的清洁、润滑，按规定调整和检查，并做好记录。

（4）石首长江公路大桥塔内电梯的维修保养单位应当保证塔内电梯的安全技术性能，并负责落实现场安全防护措施，保证作业安全。石首长江公路大桥塔内电梯的使用单位应积极配合维修保养单位的工作。

（5）石首长江公路大桥塔内电梯的维修保养单位在接到故障通知后，应当及时赶赴现场，并采取必要的应急救援措施。

（6）对于石首长江公路大桥塔内电梯发生的故障、检查的经过、维修的过程，维修人员应进行详细记录。

2）管理使用与维修保养规则

（1）使用单位应当加强对电梯的安全管理，对电梯的使用安全负责。

（2）使用单位应当根据电梯的安全技术规范以及产品安装使用维护说明书的要求和实际使用情况，组织进行维修保养。

（3）使用单位应当设置电梯的安全管理结构或者配备电梯安全管理人员。至少有一名取得《特种设备作业人员证》的安全管理人员承担相应的管理职责。

（4）使用单位应当建立以岗位责任制为核心的电梯使用和运营安全管理制度。

（5）对设备运行故障与事故进行记录。电梯每年进行一次定期维修和检验，检验不合格时不得继续使用。

（6）电梯使用人员应当遵守以下要求，来正确使用设备：

①遵守电梯安全注意事项和警示标志的要求；

②不乘坐明示处于非正常状态的电梯；

③不拆除、破坏电梯的部件及其附属设施；

④不乘坐超过额定载重量的电梯，运送货物时不得超载；

⑤不做其他危及电梯安全运行或者危及他人安全乘坐的行为。

3）日常维修保养规则

（1）维修保养（简称维保）人员对其维保电梯的安全技术性能负责；对维保的电梯是否符合安全技术规范要求应当进行确认；通过检查、修理，更换零部件，技术调整以及清洁、润滑等，使电梯保持完好与正常运行。维保后的电梯应当符合相应的安全技术规范，并且处于正常运行状态。

（2）按照（1）所示规则及其有关安全技术规范以及电梯产品安装使用维护说明书的要求，制定维保方案，确保维保电梯的安全性能。

（3）制定应急措施和救援预案，每半年至少对维保的电梯进行一次应急演练。

（4）保持维保值班电话开机，保证接到故障通知后及时予以排除，接到电梯困人故障报告后，维修人员及时抵达所维保电梯，实施现场救援。

（5）对电梯发生的故障等情况，及时进行详细记录。

（6）建立每部电梯的维保记录，并归入电梯技术档案，档案至少保存4年。

（7）每年度至少进行1次自行检查，自行检查项目根据电梯使用情况确定，但是不少于本年度维保和电梯定期检验规定的项目及其内容，并且出具有自行检查和审核人员签字的记录或者报告。

（8）在维保过程中，发现事故隐患及时告知电梯使用单位安全负责机构；在排除事故隐患前停止继续使用设备。

（9）对承担维保的作业人员按照特种设备作业人员要求进行安全教育与培训，并取得《特种设备作业人员证》。

（10）电梯的维保分为半月、季度、半年、年度维保，其维保的基本项目（内容）和达到的要求分别见表10-9～表10-12。维保人员应当依据各附件的要求，根据所保养电梯使用的特点，制订合理的保养计划与方案，对电梯进行清洁、润滑、检查、调整，更换不符合要求的易损件，使电梯达到安全要求，保证电梯能够正常运行。

半月维保项目（内容）和要求 表10-9

序号	维保项目（内容）	维保基本要求
1	机房、滑轮间环境	清洁，门窗完好，照明正常
2	手动紧急操作装置	齐全，在指定位置
3	曳引机	运行时无异常振动和异常声响
4	制动器各销轴部位	润滑，动作灵活
5	制动器间隙	打开时制动衬与制动轮不应发生摩擦
6	编码器	清洁，安装牢固
7	限速器各销轴部位	润滑，转动灵活，电气开关正常
8	轿顶	清洁，防护栏安全可靠
9	轿顶检修开关、急停开关	工作正常

续上表

序号	维保项目(内容)	维保基本要求
10	导靴上油杯	吸油毛毡齐全,油量适宜,油杯无泄漏
11	对重块及其压板	对重块无松动,压板紧固
12	井道照明	齐全、正常
13	轿厢照明、风扇、应急照明	工作正常
14	轿厢检修开关、急停开关	工作正常
15	轿内报警装置、对讲系统	工作正常
16	轿内显示、指令按钮	齐全、有效
17	轿门安全装置(安全触板、光幕等)	功能有效
18	轿门门锁电气触点	清洁,触点接触良好、接线可靠
19	轿门运行	开启和关闭工作正常
20	轿厢平层精度	符合标准
21	层站召唤、层楼显示	齐全、有效
22	层门地坎	清洁
23	层门自动关门装置	正常
24	层门门锁自动复位	用层门钥匙打开手动开锁装置释放后,层门门锁能自动复位
25	层门门锁电气触点	清洁,触点接触良好、接线可靠
26	层门锁紧元件啮合长度	不小于7mm
27	底坑环境	清洁,无渗水、积水,照明正常
28	底坑急停开关	工作正常

季度维保项目(内容)和要求除符合表10-9的要求外,还应当符合表10-10的要求。

季度维保项目(内容)和要求　　　　表10-10

序号	维保项目(内容)	维保基本要求
1	减速机润滑油	油量适宜,除蜗杆伸出端外均无渗漏
2	制动衬块	清洁,磨损量不超过制造单位要求
3	位置脉冲发生器	工作正常
4	选层器动静触点	清洁,无烧蚀
5	曳引轮槽、曳引钢丝绳	清洁,无严重油腻,张力均匀
6	限速器轮槽、限速器钢丝绳	清洁,无严重油腻
7	靴衬、滚轮	清洁,磨损量不超过制造单位要求
8	验证轿门关闭的电气安全装置	工作正常
9	层门、轿门系统中传动钢丝绳、链条、胶带	按照制造单位要求进行清洁、调整
10	层门导靴	磨损量不超过制造单位要求
11	消防开关	工作正常,功能有效
12	耗能缓冲器	电气安全装置功能有效,油量适宜,柱塞无锈蚀
13	限速器张紧轮装置和电气安全装置	工作正常

半年维保项目(内容)和要求除符合表10-10的要求外,还应当符合表10-11的要求。

半年维保项目(内容)和要求　　　　　　　　表 10-11

序号	维保项目(内容)	维保基本要求
1	电动机与减速机联轴器螺栓	无松动
2	曳引轮、导向轮轴承部	无异常声,无振动,润滑良好
3	曳引轮槽	磨损量不超过制造单位要求
4	制动器上检测开关	工作正常,制动器动作可靠
5	控制柜内各接线端子	各接线紧固、整齐,线号齐全、清晰
6	控制柜各仪表	显示正确
7	井道、对重、轿顶各反绳轮轴承部	无异常声,无振动,润滑良好
8	曳引绳、补偿绳	磨损量、断丝数不超过要求
9	曳引绳绳头组合	螺母无松动
10	限速器钢丝绳	磨损量、断丝数不超过制造单位要求
11	层门、轿门门扇	门扇各相关间隙符合标准
12	对重缓冲距	符合标准
13	补偿链(绳)与轿厢、对重接合处	固定、无松动
14	上下极限开关	工作正常

年度维保项目(内容)和要求除符合表 10-11 的要求外,还应当符合附表 10-12 的要求。

年度维保项目(内容)和要求　　　　　　　　表 10-12

序号	维保项目(内容)	维保基本要求
1	减速机润滑油	按照制造单位要求适时更换,保证油质符合要求
2	控制柜接触器,继电器触点	接触良好
3	制动器铁芯(柱塞)	进行清洁、润滑、检查,磨损量不超过制造单位要求
4	制动器制动弹簧压缩量	符合制造单位要求,保持有足够的制动力
5	导电回路绝缘性能测试	符合标准
6	限速器安全钳联动试验（每 2 年进行一次限速器动作速度校验）	工作正常
7	上行超速保护装置动作试验	工作正常
8	轿顶、轿厢架、轿门及其附件安装螺栓	紧固
9	轿厢和对重的导轨支架	固定,无松动
10	轿厢和对重的导轨	清洁,压板牢固
11	随行电缆	无损伤
12	层门装置和地坎	无影响正常使用的变形,各安装螺栓紧固
13	轿厢称重装置	准确有效
14	安全钳钳座	固定,无松动
15	轿底各安装螺栓	紧固
16	缓冲器	固定,无松动

(11)现场维保时,如果发现电梯存在的问题需要通过增加维保项目(内容)予以解决的,应当相应增加并且及时调整维保计划与方案。

(12)维保或者自行检查时,发现电梯仅依靠所定的维保内容已经不能保证安全运行,需要改造、维修或者更换零部件、更新电梯时,应当向桥梁运营管理单位书面提出。

4)日常维护保养项目(内容)和要求

5)设备润滑(见表 10-13)

设 备 润 滑   表10-13

序号	润滑部位	润滑油类	油量	要求说明
1	曳引电动机滚动轴承	3号钙基润滑油		每半年加油脂一次
2	制动器各活动关节	N32~N46机油		加油后擦干净外表面;油液不得滴入制动轮
3	曳引轮支撑轴承	3号钙基润滑脂		每次保养注入3~5g润滑脂,充满轴承室2/3
4	导向轮(定滑轮、动滑轮、反绳轮)轴承	3号钙基润滑脂		每半年一次
5	曳引钢丝绳	N32机油	发现干燥,涂擦薄层	每季度检查一次
6	轿厢与对重导轨油盒	N46机油	适量	每季度一次,每年清洗导轨一次
7	安全钳操纵机构	N32机油	适量	每季度一次
8	安全钳楔块和滚柱	3号钙基润滑脂		每半年清除旧油一次,换新油
9	限速器滚动轴承	3号钙基润滑油		每半年一次
10	限速器活动销轴	N32机油	适量	每季度检查一次
11	限速器张紧轮轴承	3号钙基润滑油		每半年一次
12	限速器张紧导向装置	3号钙基润滑脂		每年清洗一次,换新油

10.1.7 主梁检修小车的检查与维护

10.1.7.1 主梁检修小车的检查

(1)对于主梁检修小车部分,主要检查轨道梁与主梁及轨道梁与桁架的连接情况,包括:连接螺栓是否松动或损耗,扣件、接头连接座、垫圈等是否开裂或变形;连接座、接头连接座与钢箱梁的焊接处及轨道梁与挡块的焊接处的焊缝有无裂纹、脱焊;金属表面是否严重锈蚀等。

(2)对于行走部分,应检查检修小车驱动机构固定装置是否良好,齿轮是否锈蚀、磨损。应注意检查驱动机箱和钢轮的磨损锈蚀情况,要求不得有锈蚀、开裂现象。

(3)对于检修小车制动系统,应注意检查制动系统是否有效,结构是否安全。

(4)对吊梯及主梁检修小车其他部分的检查参照10.1.1节钢箱梁养护方法进行。

10.1.7.2 主梁检修小车的保养与维修

(1)检修小车是附属于桥梁的永久性结构,要注意养护与维修,以确保其使用安全,延长其使用寿命。检修小车行走时两侧应同时牵引,同速移动;停车时应停在墩梁或塔旁,并采取锁定措施,防止风振作用。检修小车在运行过程中出现不正常的振动、响声长滞等异常情况,应立即停止作业,查明原因、排除故障后方可继续作业。每季度重点检查保养一次,每5年除锈涂漆一次。

(2)发现检修小车存在问题应立即修复,对严重锈蚀的金属表面应立即除锈并进行防护处理。

(3)钢轮磨损严重的应及时报废更新;若发现行走滑轮有裂纹、驱动齿轮严重磨损,应立即更换。

(4)对行走滑轮应定期涂润滑油,在涂油之前应把滚动面揩擦干净。

(5)应对传动机箱齿轮传动机构定期填加润滑油脂,保证传动机正常运行。

10.1.8 主桥钢桥面沥青混凝土铺装养护与病害维修

10.1.8.1 钢桥面铺装养护

1)巡视

巡视目的:及时发现桥面铺装损坏情况以及影响交通的路障,并及时向主管部门汇报,以便及时进行处理。

巡视方法：巡视人员采取徒步方式，每次出发前，巡视人员应制定本次巡视重点。巡视途中，如发现影响交通的一般路障（如由货车上掉下的小包、小箱等），巡视人员应主动排除；如有较大路障或交通突然事故，除迅即报告主管部门外，还要进行交通的疏导和力所能及的临时处理。每次巡视结束后，巡视人员应整理巡视日记，做好交接班工作。

2）清扫

桥面铺装的清扫，应以配有洒水装置清扫车为主、人工为辅的作业方式进行。

清扫车作业的频率由保证通行车辆驶过后无扬尘、杂物不成片来确定；人工应每天不间断地沿途处理路表杂物及垃圾。清扫车作业宜选在交通量小的时段进行。人工清洁时，如发现病害，应及时向有关人员报告。

当金属物体、岩石或集料以及其他一些会对桥面产生破坏的碎石落在桥面上，应在其对桥面或车辆产生破坏前及时予以清除。中央分隔带内的杂物应由人工及时清除。清扫后的垃圾应运至指定地点，不能随意倾倒。

3）排水与洒水

要经常清理桥面泄水孔，保持排水畅通。雨后若有局部积水，应及时排除干净。

4）除雪及防冻、防滑

冬季来临之前，即应将除雪机械准备好，使之处于正常使用的待命状态。每次除雪后，应立即对除雪机械进行保养、修理，以备下次使用。除雪作业应以清除新雪为主。以最快速度随时除雪，以防积雪被压实。

一般可在开始降雪时撒布融雪剂（或与防滑料掺和并用）；若已形成积雪，且除雪后还继续降雪时，仍须重新撒布融雪剂。不建议撒氯化钠融雪，以降低对桥梁附属结构的腐蚀。

10.1.8.2 钢桥面铺装病害维修

1）早期裂缝快速修复工艺

（1）桥面铺装裂缝填封修补时机的选择

对于大跨径钢桥面铺装出现的裂缝填封修补较佳的时期为春季的4月至5月初，即环境温度为中等凉爽温度，裂缝宽度均未超出规范值的50%，填封材料受拉、压应力都不是太大的时候。

（2）桥面铺装裂缝处治槽口形式选择

结合钢桥面铺装的具体特点，对钢桥面沥青混凝土铺装裂缝设计了简单无槽帽封式、槽型非贴封式、槽型贴封式、槽型双层复合式四种处治槽口形式，如图10-2所示。其中简单无槽帽封式由于操作简便，在目前钢桥面铺装中使用较为普遍。

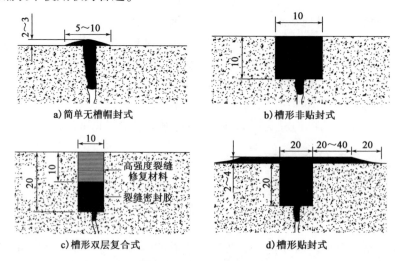

图10-2 部分钢桥面铺装裂缝处治构造形式（尺寸单位：mm）

(3)桥面铺装裂缝处治施工工法

钢桥面铺装裂缝处治施工工法的选择,首先要确定钢桥面铺装裂缝病害形式、病害程度,分析铺装裂缝病害产生原因,而后结合铺装类型选择合适的裂缝处治材料及裂缝开槽形式,并配备相应的机械设备,在完成以上几个步骤的工作之后,综合考虑病害类型、修复材料类型等因素,确定钢桥面铺装裂缝处治施工工法。

(4)灌缝施工工法

灌缝施工工法通常由以下几个步骤组成:

①裂缝的清理。通常灌缝施工无需对裂缝进行开槽处理,一般采用钢毛刷等对破损裂缝进行刷缝,将裂缝壁面松散颗粒刷掉,以露出坚固的裂缝壁面。

②裂缝的清洁和干燥。需要采用吹风机、空气压缩机等对已清理的裂缝进行清洁,并采用热气枪进行干燥。

③灌缝材料的准备和填灌。主要仪器有沥青锅、沥青分配器、垫条安放工具、输料器等。当路面潮湿或气温低于5℃时,不得进行灌缝。灌缝料不应在输料管中停留,灌入时材料的温度应由供货商提供。

④整料。根据需要采用橡皮棍将填灌材料修整为凹形、齐平、帽形和贴封等形式,贴封宽度一般为70～130mm,厚度2～5mm。

⑤吸油。将砂或卫生纸放在刚修整的材料上,防止刚施工完毕的填灌材料在车轮作用下受到磨损而脱落。

(5)填缝施工工法

填缝施工处治与灌缝施工处治相比,一般多了一个裂缝开槽处理施工步骤。具体如下:

①裂缝的整修。选取裂缝开槽形式,采用裂缝刻槽机或金刚锯对裂缝刻槽,刻槽断面应垂直边缘且均匀。刻槽机上一般装有调节刻槽深度的装置。

②缝槽的清洁和干燥。一般采用高压吹风机、空气压缩机、钢毛刷等对已刻缝槽进行清洁,并采用热气枪或液化气加热装置进行加热干燥。

③灌缝材料的准备和填灌。主要仪器有:沥青锅、沥青分配器、垫条安放工具、输料器等。当路面潮湿或气温低于5℃时,不得进行灌缝。灌缝料不应在输料管中停留,灌入时材料的温度应由供货商提供。

一般裂缝修补时,是直接将修补材料填入缝槽中,但有时也将隔离黏附作用的材料,如聚乙烯泡沫垫条放在刻槽底部,再填入填封料。放垫条的缝槽应刻深一点,垫条的宽度比缝(槽)宽25%,使垫条能固定在刻槽中。

④整料。根据需要采用橡皮棍将填灌材料修整为凹形、齐平、帽形和贴封等形式,贴封宽度一般为70～130mm,厚度2～5mm。简易梯形封顶可以省去刻槽工序,快捷方便。帽形封顶施工时可比梯形封顶施工少用一名工人,但处治效果降低,帽形封顶材料容易发生扩散性流动而变平,材料温度降低较快,与刻槽的黏附不够充分。

⑤吸油。将砂或卫生纸放在刚修整的材料上,防止刚施工完毕的填灌材料在车轮作用下受到磨损而脱落。

2)坑槽修补工艺

坑槽修补法按照"圆洞方补,斜洞正补"的原则,划出大致与路中心线平行或垂直的挖槽修补轮廓线,基坑底部与四周涂抹粘层油,控制好沥青混合料的用量,分两层填筑压实,采取平板夯、气夯配合压路机压实,边角处要用工具捣实,保证碾压密实平整,保证修补后坑槽与周围路面衔接良好、平直。若基层存在问题、缺陷,应处理后再铺筑沥青路面。

施工过程注意事项:开槽应到稳定部位,槽壁要垂直,并将槽底清干净;新填补部分应略高于原路面,待行车压实后保持与原路面相平。

出现坑洞病害的铺装层已基本丧失承载力及使用功能,应对鼓包、坑洞及时处理,将坑洞破损处的残缺铺装层开挖后,再重新回填。回填时可采用冷料修补或热料修复。

(1)冷料修补

冷料修补工艺相对简单且常温养护固化时间过短,养护时间短,快速固化,可当天开放交通,适用于冬季、雨雪季节及应急处置。要求对病害铺装挖除后,采用人工打磨方式对钢板进行除锈(若坑槽损伤达到下面层环氧层),并在钢板表面涂布环氧防水黏结层,接缝四周涂布环氧防水黏结层;若 EA 层受损,可采用相同方法处理 SMA 层后,回填密级配混合料、碾压成型,养护完成后开放交通。

①作业准备。作业前,应事先调研好修补工程量,准备好所需材料,并检查施工机械设备。选择晴好天气施工,按照养护作业要求进行交通封闭。

②确定修补范围。划出修补坑槽的轮廓线。病害处治面积一般沿病害向外扩大 5~10cm 的范围。最小面积不得小于 20cm×20cm。

③挖除病害混凝土。采用铣刨机、切割机、风镐等工具清除已确定范围内的铺装层混凝土,露出钢板,不得损伤钢板并确保坑洞四壁无松动混凝土。

④钢板除锈(EA 层受损时)。采用砂轮磨光机将钢板打磨除锈,对于局部凹点的锈迹,配合使用电动钢丝轮处理。

⑤吹除残余混合料。采用吹风机吹干净坑槽内残余混合料,并吹干钢板和铺装四壁。

⑥防锈层施工(EA 层受损时)。环氧富锌漆,厚度 60~80μm,用量为 0.07kg/m²。

⑦防水抗滑层施工(EA 层受损时)。钢板打磨除锈吹干后,立即施工环氧碎石防水层,涂布环氧树脂(A、B 组分混合料),环氧树脂用量 1~1.2kg/m²(部分坑槽选择撒布碎石,采用 3~5mm 的玄武岩碎石,覆盖率达到满布的 70%~80%,用量 6kg/m²,后涂布环氧树脂)。

⑧混凝土施工。采用强制式卧轴拌和机,拌和时间以保证混合料拌和均匀、无花白料为准。采用人工摊铺,混合料摊铺厚度以碾压后略高于旧铺装面为宜。采用平板振动夯或小型手扶式压路机碾压混合料,以混合料表面略微泛油为宜。

⑨环氧树脂封层施工。混凝土内填碾压完毕后,立即在其表面与原路面结合处涂布环氧树脂封层。

⑩开放交通。待混凝土和环氧树脂封层满足固化时间后,方可开放交通。

(2)热料修复

热料修复采用与铺装层新建时相同的混合料,高温拌和后,在一定温度下进行摊铺,这种方法需要将破坏的铺装铣刨。热拌沥青混合料维修桥面铺装,适合于地点集中、工程量较大的桥面铺装维修工程,同时还要求干燥、非低温的环境条件,而对于零星分散、工程量小的路面维修不宜采用这种修复方法。热料修复桥面铺装沥青混合料的技术标准参考新建钢桥面铺装要求,见表 10-14。

集料试验项目及相关要求 表 10-14

序 号	集 料	试验项目	试验要求
1	粗集料	洛杉矶磨耗(%)	≤22
2		压碎值(%)	≤12
3		针片状颗粒含量(%)	≤5
4		黏附性等级	≥4
5	细集料	砂当量(%)	≥60

EA 层受损时,其高温拌和型环氧沥青胶结料由 A、B 和沥青混合而成,A、B 组分比例为 56:44,环氧树脂添加量与改性沥青的比例为 50:50。其技术指标如表 10-15、表 10-16 所示。

胶结料组分 A 技术指标 表 10-15

项 目	技术要求	试验方法
黏度(23℃)(mPa·s)	1000~5000	ASTM D445
环氧当量(g/eq)	190~210	ASTM D1652

续上表

项 目	技 术 要 求	试 验 方 法
引火点(℃)	≥230	ASTM D92
相对密度(23℃)	1.00~1.23	ASTM D1475
外观	淡黄色透明液体	目测

胶结料组分 B 技术指标 表10-16

项 目	技 术 要 求	试 验 方 法
黏度(23℃)(mPa·s)	100~800	ASTM D445
酸值(mgKOH/g)	150~200	JIS K7237
引火点(℃)	≥145	ASTM D92
相对密度(23℃)	0.8~1.0	ASTM D1475
外观	淡褐色液体	目测

仅 SMA 层受损,可采用与原铺装相同的材料制备热拌混合料。

①作业准备。作业前,应事先调研好修补的工程量,准备好所需材料,并检查施工机械设备。选择晴好天气施工,按照养护作业要求进行交通封闭。

②确定修补范围。划出修补坑槽的轮廓线。病害处治面积一般沿病害向外扩大 5~10cm 的范围。最小面积不得小于 20cm×20cm。

③挖除病害混凝土。

采用铣刨机、切割机、风镐等工具清除已确定范围内的铺装层混凝土,露出钢板,不得损伤钢板并确保坑洞四壁无松动混凝土。

④钢板除锈(EA 层受损时)。采用砂轮磨光机将钢板打磨除锈,对于局部凹点的锈迹,配合使用电动钢丝轮处理。

⑤吹除残余混合料(EA 层受损时)。采用吹风机吹干净坑槽内残余混合料,并吹干钢板和铺装四壁。

⑥防锈层施工(EA 层受损时)。钢板打磨除锈吹干后,人工涂布环氧富锌漆,厚度 60~80μm,用量为 0.07kg/m²。

⑦防水抗滑层施工(EA 层受损时)。环氧富锌漆干燥后,立即施工环氧碎石防水层,涂布环氧树脂(A、B 组分混合料),坑槽四壁同时涂布,环氧树脂用量 1~1.2kg/m²(部分坑槽选择撒布碎石,采用 3~5mm 的玄武岩碎石,覆盖率达到满布的 70%~80%,用量 6kg/m²,然后涂布环氧树脂)。

⑧热拌沥青混凝土施工。在热拌沥青混合料拌和前一天晚上,将环氧树脂组分 A 和组分 B 分别加热,加热至 50~60℃,并继续自动间断加热以保持恒温。现场施工前,采用能持续加热的间歇式拌和机,加热集料至 180℃,将环氧树脂 A、B 组分按比例混合,再加入改性沥青与配置好的混合料进行拌和,时间以保证混合料拌和均匀、无花白料为准,其中矿料干拌 10s,湿拌不少于 45s,确保混合料温度在 170~185℃范围内。

若仅为 SMA 受损,维修当天制备即可。

采用人工摊铺,混合料摊铺厚度以松铺系数 1.2 控制。

采用平板振动夯或小型手扶式压路机碾压混合料,碾压后以不低于原路面为准,以混合料表面略微泛油为宜。

⑨热拌沥青混凝土养护。常温养护 5~7d,养护期间封闭交通,安排人员每日巡查,杜绝车辆碾压。

⑩开放交通。待沥青混凝土满足养护时间后,方可开放交通。

3)燃油等化学品污染病害处理

清洗汽车燃油等化学品时,按照以下步骤考虑:

(1)在污染面积内撒布大量砂、木屑或矿粉填料等,以充分吸附污染物质;

(2)待污染物基本被吸附后,清扫表面的砂或其他吸附材料;

(3)利用清洗剂擦洗污染区域,再用大量的清水冲洗,冲洗时以目测表面基本无污染物为准。

4)火灾影响病害处理

对于影响深度<5mm的小范围火灾而言,修复可以分为两个步骤:首先将表面受火灾影响而松动的混合料挖除;然后采用与鼓包开挖修复的相同材料(不含集料)进行回填修复。

对于影响深度≥5mm的严重火灾,可以按照如下步骤进行处理:

(1)沿破损区域向外加宽至少50mm切割;

(2)将破损区域内的混合料凿除,注意必须再沿深度方向上加深至少25mm;

(3)采用鼓包修复混合料类型进行回填修复。

相关施工操作与鼓包修复类似,注意修复区域的压实度以及与邻近铺装层的衔接平顺情况,杜绝发生渗水或跳车。

10.1.9 桥面系维修

10.1.9.1 伸缩装置维修

1)伸缩装置的日常维护

(1)为确保伸缩装置能自由伸缩及车辆运行平顺,应经常清扫缝隙,避免堵塞或嵌入杂物。经常清理橡胶带缝内的泥沙和石屑杂物,防止橡胶带损坏造成漏水漏渣,如有损坏应及时更换。

(2)经常检查伸缩装置是否均匀,若缝隙间差别较大,可能是滑动支撑或压紧支撑有损坏,如有损坏应及时更换。

(3)在更换橡胶带时,还应检查伸缩装置其他部位的防锈情况,锈蚀时应及时除锈上漆。

(4)伸缩装置其他各部件如出现病害,应及时维修。

2)伸缩装置常见病害及处理方法(见表10-17)

伸缩装置常见病害及处理方法　　　　表10-17

序号	病害及缺陷	检查及处理方法
1	缝内淤塞	定期清理
2	橡胶条局部破损、漏水	修补破损部件
3	橡胶条老化开裂	更换橡胶条
4	锚固铁件变形、松动	紧固和校正锚固铁件
5	两侧混凝土破碎	修补或凿除两侧破碎混凝土,重新浇筑

10.1.9.2 排水系统的维修

(1)桥面要经常清扫,使其保持整洁。桥面不得凹凸不平,如发现桥面有坑槽,应及时进行修补,避免积水。

(2)泄水管应及时疏通,保持畅通。

(3)泄水管支架松动和立管松脱应立即修复。

10.1.9.3 钢构件护栏的维修

(1)钢构件护栏应经常保持完好状态,牢固可靠。其立柱应竖直,护栏水平杆件应无变形、损伤或断裂。

(2)钢构件护栏应经常清刷,保持清洁。其防腐涂层不应老化脱落,应每年进行一次涂漆防锈。

(3)因钢构件护栏损坏而采用临时防护措施时,其使用时间不得超过一个月。

10.1.10 桥墩及基础承台日常维护

10.1.10.1 桥墩日常维护

(1)保持桥墩表面整洁,及时清除桥墩表面青苔、杂草、灌木和污秽。

(2)桥墩表面发生侵蚀剥落、蜂窝麻面、裂缝、露筋等病害时,应采用水泥砂浆修补。因受行车震动影响,不易用水泥砂浆补牢的,应考虑采用环氧树脂或其他聚合物混凝土进行修补。

(3)桥墩混凝土裂缝宽度超过限值时,裂缝的修补方法参见"10.1.2.2 主塔混凝土结构养护维修"。

10.1.10.2 基础承台日常维护

(1)桥梁上下游各1.5倍桥长、在50~500m的范围内,河床要适时进行疏浚。每次洪水过后,应及时排除清理河床上的漂浮物,使水流顺利宣泄。不得任意修建对桥梁有害的水工建筑物,必须修建时,应采取必要的桥梁防护措施。

(2)采取措施保持桥梁基础附近河床的稳定。

(3)若基础冲刷过深或基底局部掏空,应立即抛填块石、片石等进行维护。

(4)桥下河床铺砌出现局部损坏时应及时维修。

(5)对设置的防撞、导航、警示等附属设施应经常检查、维护,保持其良好状态。

10.1.11 附属设施维护

10.1.11.1 防雷设施的维护

(1)防雷设施宜由资质单位专业人员进行检查和维修养护。

(2)养护人员应备有防雷保护系统的组成特征、材料尺寸和位置分布图等技术资料。

(3)应定期如每年雷雨季节到来之前检查每处导体、连接接头及接地是否完好,裸露的导体是否被腐蚀,防腐蚀保护、涂装是否失效。

(4)接地电阻是否超过设计值且大于10Ω,否则应查清电阻增大的原因。必要时,进行重新涂装、紧固或更换接头和导体,甚至增加接地或使用降阻材料,直至满足要求。

(5)结构物构造及用途变更时,应重新完善防雷保护系统,并应进行记录,当事人签字,存档保存。

10.1.11.2 交通标线、标志、航空障碍灯、航标灯的维护

(1)标线应结合日常养护经常清扫或冲洗;当发现因剥落、污染、磨损而影响识别性能的标线在该路段中占标线一半以上时,应予以重画;局部损坏的要进行修补,同时注意避免与原标线错位。

(2)标志牌支架要保持清洁,做好油漆防腐工作,有变化时应进行相应的变更和增补。保持设施完好、结构安全,当交通条件有变化时应进行相应变更和增补。

(3)航空障碍灯、航标灯等出现故障要及时更换,以保证其正常工作。

(4)对全桥桥梁标的日常维修、保养应符合《中国海区水上助航标志》(GB 4696—2016)及交通运输部有关标准要求。水上助航浮标信号灯的养护维修工作可委托给有关航道管理部门。

10.2 梁式桥日常维护

10.2.1 桥面铺装日常维护

桥面应经常清扫,排除积水,清除泥土、杂物、冰凌和积雪,保持桥面清洁和平整。应及时发现和清除可能伤害桥面铺装层的杂物,如从车辆上掉落的螺栓等。

10.2.2 桥面系日常维护

1)伸缩装置

应经常清除伸缩缝内积土、垃圾等杂物,保证伸缩缝正常发挥作用。若伸缩装置有损坏或功能失效应及时修理或更换。更换的伸缩装置应选型合理,伸缩量应满足桥跨结构变形的需要,安装应牢固、平整、不漏水,应与沥青路面做好接缝处理。

2)排水设施

(1)桥面的排水管、排水槽如有堵塞,应及时疏通,并经常保持畅通。

(2)桥面应保持不小于1.5%的横坡,以利于桥面排水。

(3)桥梁上设置的封闭式排水系统,应保持各排水管道畅通,排水系统的设备如水泵等应正常工作,若有堵塞、损坏,应及时疏通、处理。

3)栏杆、护栏

(1)栏杆和护栏应经常保持完好状态,若有损坏应及时修理或更换。

(2)应避免栏杆和护栏出现锈蚀,对已锈蚀的应及时处理。非不锈钢质栏杆,应涂漆防锈,涂漆周期应根据涂装类型和病害情况综合确定。

4)灯具和标志

(1)照明灯、航道灯及灯柱应保持完好状态,如有缺损和歪斜,应及时修理、扶正。灯具损坏应及时更换,保证灯具工作正常。

(2)桥上的交通标志应齐全、牢固、醒目、清晰。交通标线应经常保持完好、清晰,定期重涂标线。

10.2.3 桥墩(台)日常养护

(1)保持桥墩(台)表面整洁,及时清除桥墩、台帽表面青苔、杂草、灌木和污秽。

(2)桥墩(台)表面发生侵蚀剥落、蜂窝麻面、裂缝、露筋等病害时,应采用水泥砂浆修补。因受行车震动影响、不易用水泥砂浆补牢的,应考虑采用环氧树脂或其他聚合物混凝土进行修补。

(3)桥墩(台)混凝土裂缝宽度超过限值时,裂缝的修补方法参见"10.1.2.2 主塔混凝土结构养护维修"。

10.2.4 支座日常维护与更换

10.2.4.1 支座日常维护

(1)支座各部分应保持完整、清洁,每半年清扫一次,清除支座周围的油污、垃圾,防止积水、积雪,保证支座正常工作。每年定期进行一次检查和养护。

(2)及时拧紧支座各部位结合螺栓,使支承垫板平整、牢固;对松动螺栓上油紧固。

(3)应防止橡胶支座接触油污引起老化、变质;用棉纱清理不锈钢板等。

(4)盆式橡胶支座的防尘罩应维护完好,防止尘埃落入或雨、雪渗入支座内。

(5)支座与梁底、支座与砂浆垫层之间的接触面应平整,梁体位移及转角应不受阻碍,记录位移、转角值,检查支座位移、转角是否正常,支座垫板与锚固螺栓应紧密接触,并不得有锈蚀;支座垫层上如有积水,应立即清除。

(6)支座或支座组件如有缺陷或产生故障不能正常工作时,应及时予以修整或更换。

(7)支座常见病害及养护措施见表10-18。

支座常见病害及养护措施 表10-18

序号	常见故障或病害	养 护 措 施
1	铁件锈蚀、滑动面污垢、不平整	铁件锈蚀、加漆,清洁不锈钢滑动面,校正或更换不锈钢板
2	橡胶支座老化、开裂	更换支座
3	固定螺栓、电焊变形、胶焊、松动	紧固螺栓,补充焊缝
4	支座板翘曲、扭曲、断裂、脱焊	校正、更换、加焊
5	支座垫石开裂、剥离	重新浇筑或环氧修补
6	支点脱空、滑移	1. 垫入钢板或铸铁钢板,调整支点位置; 2. 就地浇筑高强混凝土,厚度不小于200mm

10.2.4.2 常规支座的更换

除球形减(隔)振支座之外的常规支座如有缺陷,或产生故障不能正常工作时,应及时予以修整或更换;支座座板翘起、变形、断裂时应予以更换,焊缝开裂应予以整修;支座的固定锚销被剪断,必须更换;盆式橡胶支座发生过大剪切变形、中间钢板外露、橡胶开裂、老化时,应及时更换。

1)更换前的准备工作

首先对桥梁进行特殊检查,按基础、墩台、主梁、桥面系和附属工程逐一进行全面检查,并做好记录和拍照。对于基础、墩台所存在的病害应先进行正规维修,然后再维修主梁。当需要更换支座时,视桥面系和附属工程的具体情况,再决定是否对桥面系和附属工程予以保留或全部清除;需要予以保留的,要事先对所有纵向连接予以解除,最后才能进行支座更换施工。支座更换办法基本可分为以下两类:

(1)墩台结构无任何病害,可以直接考虑在盖梁顶面和箱梁横隔板下实施顶升,这是最容易施工的一种类型。

(2)墩台需要加固,若有可以利用的承台,需搭设顶升支架实施作业,但顶升点应尽可能靠近原支点。

2)更换步骤

(1)承重基础:支座更换前,首先应根据各桥墩(台)处的地质情况考虑临时受力结构。地质情况较好时可修建临时承重基础;没有承台可以利用,同时地质较差时,可以利用墩柱作为顶梁的临时受力结构。

(2)顶梁设施:在梁底设置工字钢横梁,横梁分上、下两种,之间安装顶梁的千斤顶。为了保证起顶过程中不致损伤梁底,在梁底和工字钢接触处用木板垫实,确保软接触密合,使横梁不与梁底部位接触。采用不锈钢板块调节高度。在基础和下横梁之间要根据桥下净空高度搭设受力支架,同时也要预留一定的操作空间,可采用由多组贝雷架构成支撑架,作为受力支架。

(3)试顶:支撑架、横梁、千斤顶安装完毕,待临时承重基础强度满足要求后,即可开始试顶。试顶是为了消除支撑本身的非弹性变形或沉降,在主梁还没有正式顶起时即可停止,并停放数小时进行观察,无任何变化方可整体顶升。

(4)整体顶升:试顶完成后,在专业人员的统一指挥下所有千斤顶慢慢用力整体顶起梁体,使其离开原支座约2cm立刻停止,并立即在上、下横梁之间增设若干个钢、混凝土预制块,形成临时固定点,以增加接触点和面积,提高顶升系统的稳定性,确保桥梁整体安全。

(5)台帽、盖梁维修：如果台帽、盖梁存在病害，此时应立即进行相应维修。

(6)支座更换：台帽、盖梁维修完成后，即可拆除原有支座，支座下方用高强度等级环氧树脂砂浆找平，精确计算出需要增加的高度，用合适厚度的钢板来调节，调节施工完毕，重新安装新的支座，然后慢慢落梁，去掉混凝土块和千斤顶，拆除临时支撑，整孔梁体在施工过程中几乎相对是不动的，对桥面系结构也基本没有任何影响，支座更换前后支撑反力变化也不大，但梁体支撑条件可大大改善。

3)施工注意事项

(1)由于整体更换支座一般是在保证行车的情况下进行的，所以保证通车和安全工作显得尤为重要：一是确保施工中整个桥梁结构完整且不受损伤，二是施工中要确保人身和设备的绝对安全。这就要求施工前要做好全面检查，根据具体情况确定维修加固范围，按次序依次实施。整体更换支座施工方案，要通过准确的分析和计算，配合足够的机械设备和劳动力；同时，在顶起和落梁这一很短的时间段内，要有专业人员统一指挥，确保所有被顶的梁体同步上升，同步下降；并在短时间内临时封闭交通。

(2)要认真做好测量、观察的记录工作。要准确计算出原支座和现支座的高度差，以指导施工，确保支座更换前后梁体、桥面系的高程不变。

(3)支座的质量检验及安装是保证支座正常使用的关键。支座安装前应进行检验，施工时应根据不同的支座类型按照相关要求进行安装。

10.2.5 常见病害修复

养护工程部应根据不同的病害和损伤特点，预先制定有效的维修处理措施。当发生病害或损伤时，应及时进行处理。对于局部损伤，可局部处理；对于大面积或全桥的病害，应研究制定专项解决办法。

1)桥面铺装层缺陷修复

结合桥面铺装的特点，当有必要时可考虑更换全部桥面铺装层。一般不应在原桥面上直接加铺新的沥青混凝土，以免增加桥梁恒载。对于桥面铺装与路缘石、伸缩缝等竖向接缝处的病害，管养部门应预先制定合理的方案，当发生病害时，应及时进行处理。为了能够及时处理桥面受燃油或化学物污染、火灾等引起的病害，管养部门必须制定详细的应急预案。

2)鼓包快速修复工艺

(1)对于初期出现的鼓包病害，最简单的补救方法是在气温较高的正午加强对铺装层检查，对发现的鼓包及时采用钢针刺穿鼓包，将水汽排完后再将铺装层击实，另外可以选择低黏度材料进行简单密封处理；也可以将鼓包处挖除，重新填充新的混合料。具体措施根据现场病害面积、严重程度等情况决定。为此，对于使用期间出现的早期鼓包开裂病害，应先在鼓起范围的铺装层表面不同位置锥刺3~4个小孔（直径以0.3~0.6cm为佳，且鼓起范围内的最高点必须有一个锥刺孔），锥刺深度应达到鼓起底层位置，再利用热吹风机或红外线灯将热空气鼓吹到鼓包铺装层内部，待鼓包铺装层内湿气充分干燥并等温度冷却后即可进行灌缝处理。灌缝时，应按照从最低位置的锥刺孔灌注黏料的原则进行黏结料的灌注。灌注可以采用注射器或专用裂缝灌注仪进行，待临近锥刺孔内有黏结剂渗出后，采用橡胶皮将该小孔堵住，如此往复，直至最高位置的锥刺孔内黏结剂渗出为止；最后利用灌缝料将鼓起范围内的铺装表层出现的裂缝密封，用红外线灯将鼓包修复范围烘软，同时加速黏结剂的固化，并采用重物将鼓起范围压平，将多余黏结剂挤出，待灌缝料完全固化后即可开放交通。

(2)后期鼓包坑洞在行车荷载所形成的高压水作用下，其内部的环氧沥青混合料已经出现松散，且有较严重的唧浆现象。由于后期鼓包坑洞的出现，水分将渗入铺装层内部，进而引起钢板锈蚀。如不及时进行处理，后果不堪设想。对此类铺装层进行修复时，应先将铺装层出现病害的区域彻底清除干净，清除混合料的松动部分及铺装层内部存在的水分。对已经锈蚀的钢板必须进行打磨除锈，以消除黏结剂与钢板的黏结隐患。

处理凹坑所采用的修复材料与修复方法应根据凹坑的面积深度尺寸选取。对于尺寸较小的凹坑病害，可以先利用钢丝刷与鬃毛刷将凹坑内的浮动颗粒与灰尘清除干净，然后预埋细质集料，与邻近铺装层表面齐平,再将黏结剂灌入凹坑内,待黏结剂完全固化后即可开放交通。对于破损面积较大的凹坑,应根据实际情况将凹坑的尺寸与深度扩展到能够回填与原环氧沥青混凝土类似级配的混合料为准。

3)混凝土表层缺陷修复

(1)表层缺陷检查:详见10.1.2.2主塔混凝土结构养护维修。

(2)表层损坏混凝土的清除:详见10.1.2.2主塔混凝土结构养护维修。

(3)表层缺陷修补常用材料:详见10.1.2.2主塔混凝土结构养护维修。

(4)混凝土表层缺陷修补工艺流程:详见10.1.2.2主塔混凝土结构养护维修。

4)钢筋锈蚀处理工艺流程

(1)凿除松脱、剥离等已损坏部分的混凝土。

(2)对钢筋进行防锈处理,涂环氧胶液等黏结剂。

(3)立模、配料浇筑,喷浆、涂抹施工。

(4)对新喷涂或浇筑的环氧混凝土进行表面处理。

(5)对于因锈蚀而出现的微小裂缝的部位,可以采用粘贴两层玻璃布的方法进行修补。

第11章 抗洪能力评估

11.1 桥址防洪设施概况

石首长江公路大桥及两岸接线工程从北向南依次跨越荆江大堤、人民大垸、人民大垸围堤、北碾垸、北碾垸堤、长江、南碾垸堤、南碾垸、荆南长江干堤。

长江水利委员会对石首长江公路大桥涉河建设方案及洪水影响评价报告进行了批复。湖北省水利厅对《石首长江公路大桥防洪补救措施专项设计报告》进行了批复。

根据《交通运输部关于石首长江公路大桥通航安全影响论证的审查意见》(交水发〔2013〕212号)要求,对石首长江公路大桥右岸南碾子湾边滩岸线进行守护,守护长度为600m,其中桥轴线上游200m,下游400m。

根据防洪安全和通航安全专项设计,大桥主要涉及的防洪设施分布如表11-1所示。

大桥防洪设施分布　　表11-1

防洪工程	堤防	实施范围	对应桩号	长度(m)	具体措施
堤防加固	人民大垸围堤	桥轴线上游100m,下游100m	19+470—19+670	200	达到设计标准
堤坡护砌	荆南长江干堤	桥轴线上游200m,下游400m	555+925—556+525	600	对桥下正投影下堤内外坡采用C20混凝土六棱块护坡,其余堤外坡仍采用C20混凝土六棱块护坡
堤坡护砌	南碾垸堤	桥轴线上游200m,下游400m	10+827—11+427	600	
堤坡护砌	北碾垸堤	桥轴线上游200m,下游400m	2+350—2+950	600	
堤坡护砌	人民大垸围堤	桥轴线上游100m,下游100m	19+470—19+670	200	
堤坡护砌	荆江大堤	桥轴线上游100m,下游200m	687+000—387+300	300	
护岸	左岸	桥轴线上游200m,下游400m	2+350—2+950	600	水上护坡,水下抛石
护岸	右岸南碾湾边滩	桥轴线上游200m,下游400m	0+000—0+600	600	
近堤桩基防渗及防冲	荆南长江干堤	堤内116~117号桥墩防渗,堤外114~115号桥墩防渗和防冲			
近堤桩基防渗及防冲	南碾垸堤	堤内T17~T18号桥墩防渗,堤外T15~T16号桥墩防渗和防冲			
近堤桩基防渗及防冲	北碾垸堤	堤内100~101号桥墩防渗,堤外102~103号桥墩防渗和防冲			
近堤桩基防渗及防冲	人民大垸堤	堤内19~20号桥墩防渗,堤外21~22号桥墩防渗和防冲			
近堤桩基防渗及防冲	荆江大堤	堤内22~23号桥墩防渗,堤外24~25号桥墩防渗和防冲			

11.2 防洪设施监测

防洪设施监测应符合下列要求:

1)汛前检查

在每年汛期到来之前,应落实专人对桥涵及其沿线设施进行防汛、抗汛的全面检查,建立健全检查档案,对检查中发现的病害及时处治。

汛前检查的重点:

(1)桥涵防排水系统。

(2)各类结构物的稳定性和桥涵的泄洪能力。

2)洪水观测

在汛期进行必要的水文观测,对照水文资料和实地观察情况判断洪水对桥涵的危害性,作为今后制定桥涵改善和加固措施的依据。洪水观测的主要内容包括水位观测、流速观测、河床横断面和冲刷深度观测,以及流向观测等。一般情况下主要进行水位观测。

特大桥、大桥和河床处于不良状态的中桥,洪水观测的主要内容是桥位处及桥下洪水水位变化、流速、流向、浪高、漂流物等,以及河床断面变化。

一般情况下桥梁只观测和记录当年的最高水位。

沿河公路受洪水顶冲部位和平曲线凹岸洪水观测的主要内容是对洪水水位、顶冲角(或洪水流向)、流速,并测记洪水前后路基的变化情况,一般情况下主要进行水位观测。

3)岸坡及堤防监测

由于拟建工程跨越段涉及堤防较多,岸坡处于历史险段,并已有部分岸坡处于崩塌状态。为了监测拟建工程施工及运行期堤防的稳定性,应在跨越处堤段、岸坡段设置观测点;桥梁运营期根据实际情况进行详细监测,在发现位移变化时能及时采取相应措施;对洪水前后的堤岸附近的桥梁基础冲刷深度进行观测,以确保水利工程和桥梁结构的安全。

观测频率及监测点布置如表11-2所示。

观测频率及监测点布置　　　　　　　　表11-2

项　　目	运营期2年内	运营期2年后	位　　置	
			堤防	岸坡
观测频率	1次/季	2次/年		
监测点			20	12

4)南碾湾边滩守护工程监测

(1)每个枯水季,定期对整治守护工程范围内进行监测。

(2)对于常年不露水的护底排,采用固定断面加密测量的方式,掌握水下护底软体排的稳定和变形状态。

(3)当发生大洪水时,汛后应及时观测。

5)长江河道观测

为掌握长江河床和航道水下地形变化情况,确保防洪、航道安全和主桥基础安全,桥梁运营期应定期完成以下监测工作。

(1)水下地形图测量:对桥位区上游1.5km和下游2.0km范围内的水下地形进行测量,测量图比例尺均为1∶5000。

(2)断面测量:对大桥桥位处及上下游5个观测断面,每年观测1次。

(3)基础冲刷深度观测:对长江河床内主桥塔墩基础附近河床地形进行观测,每年观测1次;洪水前后对滩地桥梁基础附近地形进行观测,每年各观测1次。

(4)收集大桥桥位水域地形资料、水文资料,分析河床冲淤变化情况,每年做一次河床冲淤变化及桥墩基础冲刷观测分析年度报告,预测河床变化。

11.3 抗洪能力的评定

《公路桥涵养护规范》(JTG 5120—2021)中明确规定:每隔 3~6 年应对公路、桥涵进行一次抗洪能力评定。如遇设计洪水年及超设计洪水年,宜结合水毁调查于当年进行一次抗洪能力评定。桥涵以工程为单元,将桥涵的抗洪能力划分为强、可、弱、差四个等级,其评定标准如表 11-3 所示。

桥涵抗洪能力评定标准　　　　表 11-3

等级	评定标准
强	1. 孔径大小:桥下实际过水面积满足设计排水面积,桥下净空高度、最小净跨符合规定。 2. 孔、涵位置合适,调治构造物设置合理、齐全。 3. 墩、台基础埋深足够,深基础的冲刷尝试线在设计冲刷线以上;浅基础已做防护,防护周边的基础深度线在设计冲刷线以上。 4. 墩、台无明显冲蚀、剥落
可	1. 孔径大小:桥下实际过水面积满足设计排水面积,上部结构底高程与计算水位相同,或净跨偏小但不超过规定值的 10%。 2. 孔、涵位置略有偏置,设置了调治构造物,其基础冲刷深度线在基底最小埋深安全值的 30% 以内,或调治构造物有局部缺损,河床无大的不利变形。 3. 深基础冲刷深度线在规定的基底最小埋深安全值的 30% 以内;浅基础周边冲刷深度线在规定的基底最小埋深安全值的 30% 以内,防护体有局部缺损。 4. 墩、台有冲蚀剥落,面积小于 10%,深度小于 20mm
弱	1. 孔径大小:桥下实际过水面积小于设计排水面积 20% 以内,上部结构底高程与计算水位相同,或净跨小于规定值的 10%~20%。 2. 孔、涵位置偏置,调治构造物短缺,或调治构造物有局部缺损,河床发生严重的不利变形。 3. 深基础冲刷深度线在规定的基底最小埋深安全值的 30%~60% 以内;浅基础周边冲刷深度线在规定的基底最小埋深安全值的 30%~60% 以内,或防护体损坏明显。 4. 墩、台有冲蚀剥落露筋,面积超过 10%,钢筋严重锈蚀
差	1. 孔径大小:桥下实际过水面积小于设计排水面积 20% 以上,上部结构底高程低于计算水位,或净跨小于规定值的 20% 以上。 2. 孔、涵位置偏置,无必要的调治构造物。 3. 深基础冲刷线在规定的基底最小埋深安全值的 60% 以上;浅基础未做防护,冲空面积在 20% 以上。 4. 墩、台有冲蚀剥落严重,桩有缩颈现象,砌体松动脱落或变形,漏筋及锈蚀钢筋严重

11.4 水毁及其防治

(1)桥梁防洪能力评定应考虑桥梁所在河流的地理位置、孔径大小、桥孔位置、桥下净空、基础埋深、墩台基础冲刷、河流与河床的稳定等情况,定期评估桥梁防洪能力。

(2)应在汛期进行必要的水文观测,掌握洪水动态,并与当地气象、水文部门取得密切联系,及时收集洪水、雨水预报资料,或向沿河居民进行调查,了解洪水的发生、到达时间等,以判断对桥梁的危害程度。

(3)桥梁水毁分类防治标准:

①稳定、次稳定河段上桥梁水毁防治措施,可根据调整桥下滩流、河床冲淤分布的实际需要及水流流向等选择修建调治构造物。

②在不稳定河段上,桥梁水毁防治可根据河岸条件、河床地貌以及桥孔位置等修建调治构造物。

③根据跨径大小、墩台基础埋置深度、桥位河段稳定情况,增建基础防护构造物。河床稳定、冲刷范围较小时,宜采用立面防护措施;河床稳定、冲刷范围较大时,宜采用平面防护措施。

④桥涵构造出现基础掏空、塌陷或其他损毁应及时修复。

⑤汛期应及时清除桥涵构造物周边的漂流物及淤积物。

第12章 养护维修工作常用设备与仪器

桥梁养护维修设备的购置和装备应该由维修施工单位统一考虑办理。对于大型设备应集中管理,小型设备经常使用的则可适当多装备一些,小型工具则应普遍装备。

另外,养护维修部门还应根据自行承担的检测及维修项目和其工作量的大小来配备仪器设备。对拟委托外部承担的工作项目,其所需仪器设备可由受委托单位自备。

12.1 养护工作专用设备

(1)桥梁检查车:桥梁检查车是一种在汽车底盘上安装多节工作臂和平台,用于检查桥梁有无损伤的一种专用机械。这种检查车的多节工作臂可以按一定方向旋转、折叠或伸缩,检查人员可以在臂端的升降台中检查桥梁的侧面、底部、桥墩等部位的裂缝、剥落、露筋、锈蚀等情况,并进行养护作业;也可向上弯曲进行高空作业,如对斜拉索进行无损检验、外观检查或维修养护作业。

(2)高空作业车(升高12m):应保持全桥路灯等照明灯具的有效工作,随时更换失效的路灯、灯具。为此,必须配备1辆可以为工作人员提供检查和更换路灯的高空作业车。

(3)路面清障车:桥面上发生交通意外时,常有故障车辆抛锚,必须配备交通清障车。

(4)主塔和斜拉索专用检修车、索力测试仪器等。

(5)巡逻检查设备:配备工程巡逻检查作业车辆。

(6)供电设备:应在桥的两侧沿桥长度方向每隔一定距离(如30m)设动力电源(380V)和照明电源(220V)。

(7)供水及防火设备:应在桥上每隔一定距离设置一定数量的灭火机(器)及消防用的斧、叉等工具,可配备洒水车1辆(兼作消防车)。

(8)内燃压风机:为了桥梁清理(如伸缩装置、桥面等),配备1台内燃压风机。

(9)多功能底盘除雪设备:具有推雪、撒融雪剂两者独立的控制功能,可实现左、中、右撒布融雪剂;具有远程全自动控制功能,操作者在驾驶室内完成撒布机和推雪铲的操作,工作装置与主机的连接和装配方便、快捷。

(10)其他常用维修机械设备专用工具:电焊机、砂轮机、切割机、除锈机、小型千斤顶、导链、滑车、钢丝绳、千斤顶、撬棍、绳索、各种扳手、检查梯、脚手板、手推建筑斗车、洒水车等。

12.2 养护工作常用的仪器仪表

1)量测仪表

全站仪、精密水准仪、50m及30m钢卷尺,千分表、百分表、2~3m平整度直尺、膜厚检测仪、游标卡尺、裂缝宽度观测仪。

2) 混凝土测试仪器及工具

回弹仪、超声波混凝土探伤仪、放大镜、高倍望远镜、应急灯。

3) 资料收集设备

照相机、摄像机、风速风向仪、温度计、湿度计、计算机、打印机、扫描仪、幻灯片投影机。

4) 其他

必备的测试仪器、设备。

12.3 养护注意事项

12.3.1 各类仪器仪表定期检查

各类仪器仪表须有出厂合格证或检验证。按规定,每年应由中国计量认证(CMA)单位复检一次。而有些仪器(如电阻应变仪)国家计量认证单位不能检验的,应由技术人员定期(如一年)进行校验。在这些检验完毕后,应在被检验的仪器仪表上粘贴可应用的标志。

12.3.2 有关工作人员培训上岗

各类机具设备、管道及电器、线路等,均应经常维修,保证它们处于完好工作状态。为了防止机械、电器及人身事故的发生,保证工作质量,须制定机具设备及装置安全操作规定。有关工作人员须经培训上岗。

12.4 养护设备更新及报废

12.4.1 设备更新改造

(1) 设备如出现老化、功能不全,养护施工单位可向工程施工单位申请更新或改造,工程施工单位负责设备的更新换代或改造。

(2) 更新改造后的设备应按照桥梁运营管理单位固定资产采购程序进行验收,由管理部门和使用单位的财务部门同时入账。

12.4.2 设备报废管理

(1) 设备由于自然灾害或非常事故受到严重损坏且无修理价值时,应及时上报工程施工单位进行报废处理。

(2) 设备达到国家最新颁布的报废标准的,由使用部门填报机械设备报废文件申请表,上报工程施工单位申请报废。

(3) 设备报废前,由工程养护部、财务及资产等部门组织有经验的人员组成鉴定小组,现场出具鉴定意见,报桥梁运营管理单位领导审批。

附 表

附表1 桥梁基本状况卡片

A 桥梁所处行政区划代码：								
B 行政识别数据								
1	路线编号		2	路线名称		3	路线等级	
4	桥梁编号		5	桥梁名称		6	桥位桩号	
7	功能类型	（公路、公铁两用）	8	被跨越道路(通道)名称		9	被跨越道路(通道)桩号	
10	设计荷载		11	桥梁坡度		12	桥梁平曲线半径	
13	建成时间		14	设计单位		15	施工单位	
16	监理单位		17	业主单位		18	管养单位	
C 桥梁技术指标								
19	桥梁全长(m)		20	桥面总宽(m)		21	车道宽度(m)	
22	人行道宽度(m)		23	护栏或防撞墙高度(m)		24	中央分隔带宽度(m)	
25	桥面标准净空(m)		26	桥面实际净空(m)		27	桥下通航等级及标准净空(m)	
28	桥下实际净空(m)		29	引道总宽(m)		30	引道线形或曲线半径(m)	
31	设计洪水频率及其水位		32	历史洪水位		33	设计地震动峰值加速度系数	
34	桥面高程(m)		（根据测点设置列数）					
D 桥梁结构信息								
35	桥梁分孔(m)		[根据孔数(号)设置列数]					
36	结构体系		（根据种类设置列表）					
上部结构形式与材料	37	主梁						
	38	主拱圈						
	39	桥(索)塔						
	40	拱上建筑						
	41	主缆						
	42	斜拉索(含索力)	（根据索数设置列数）					
	43	吊杆(含索力)	（根据吊杆数设置列数）					
	44	系杆(含索力)	（根据系杆数设置列数）					
桥面系形式与材料	45	桥面铺装						
	46	伸缩缝	（根据孔数设置列数）					
	47	人行道、路缘						
	48	栏杆、护栏	（根据部位不同设置列数）					
	49	照明、标志						

续上表

			D 桥梁结构信息					
下部结构形式与材料	50	桥台	（根据桥台数设置列数）					
	51	桥墩	（根据桥墩数设置列数）					
	52	锥坡、护坡						
	53	翼墙、耳墙						
基础形式与材料	54	基础						
	55	锚碇	（根据锚碇数设置列数）					
支座形式、材料与附属设施	56	支座						
	57	桥梁防撞设施						
	58	航标及排水系统						
	…	…						
	59	调治构造物						

		E 桥梁档案资料					
60	设计图纸	（全、不全或无）	61	设计文件	（全、不全或无）	62	竣工图纸	（全、不全或无）
63	施工文件（含施工缺陷处理）	（全、不全或无）	64	验收文件	（全、不全或无）	65	行政审批文件	（全、不全或无）
66	定期检查资料	（全、不全或无）	67	特殊检查资料	（全、不全或无）	68	历次维修、加固资料	（全、不全或无）
69	其他档案	（如计算书、专题研究报告、地质水文勘测报告等相关文件）	70	档案形式	（纸质、电子文件）	71	建档时间	（年/月）

F 桥梁检测评定历史（根据需要设置行数）				
72	73	74	75	76
评定时间	检测类别	桥梁技术状况评定结果/特殊检查结论	处治对策	下次检测时间

G 养护处治记录（根据需要设置行数）										
77	78	79	80	81	82	83	84	85	86	87
时间（段）	处治类别（维修、加固、改造）	处治原因	处治范围	工程费用（万元）	经费来源	处治质量评定	建设单位	设计单位	施工单位	监理单位

H 需要说明的事项（含桥梁管养单位的变更情况）	
88	

		I 其他			
89	桥梁总体照片	（照片）	90	桥梁正面照片	（照片）
91	桥梁工程师		92	填卡人		93	填卡日期	年 月 日

附表2 桥梁日巡检查记录表

年　月　日　时至　年　月　日　时　星期　天气

项　目	检查病害内容	巡查病害描述	位置(里程)
交通标志牌	污秽或贴有广告导致无法识别,底座或基础损坏,立柱倾斜、变形及损坏		
桥面标线	剥落、污染、磨损		
伸缩缝	橡胶胶皮有无老化、脱落,凹槽内有无硬物填入		
防撞护栏	撞坏、缺损、变形、裂缝、螺栓松动、腐蚀		
栏杆	撞坏、缺损、变形、裂缝、螺栓松动、腐蚀		
主桥面高弹改性氧沥青路面	清洁及损坏情况		
泄水管	泄水管管路、出口处堵塞,管路破坏、损伤、开裂及漏水,泄水孔盖板堵塞		
情报板、限速板	显示是否正常		
SMA沥青路面	清洁及损坏情况		
抽湿机	运转是否正常		
照明设备	电压不稳定,灯亮度不正常,照明灯损坏、丢失,照明灯柱损坏、变形,照明线路故障		
机电设备的日常清洁	设备是否具有防尘、防湿、防腐功能		
备用系统	工作电压是否正常		
高空障碍灯	工作是否正常		
外场设备及其配电箱、控制箱	是否破坏		

检查人：　　　　　　　　　　　　负责人：

附表 3 桥梁经常检查记录表

公路管理机构名称：						
1 路线编号		2 路线名称		3 桥位桩号		
4 桥梁编号		5 桥梁名称		6 养护单位		
7 检查项目	缺损类型		缺损范围		处治建议	
8 主梁						
9 主拱圈						
10 拱上建筑						
11 桥(索)塔(含索鞍)						
12 主缆						
13 斜拉索						
14 吊杆						
15 系杆						
16 桥面铺装						
17 伸缩缝						
18 人行道、路缘						
19 栏杆、护栏						
20 标志、标线						
21 排水系统						
22 照明系统						
23 桥台及基础(含冲刷)						
24 桥墩及基础(含冲刷)						
25 锚碇(含散索鞍、锚杆)						
26 支座						
27 翼墙(耳墙、侧墙)						
28 锥坡、护坡						
29 桥路连接处(桥头搭板)						
30 航标、防撞设施						
31 调治构造物						
32 减振装置						
33 其他						
34 负责人		35 记录人		36 检查日期		年 月 日

附表4 维修维护项目申报单

填报日期		填报单位	
申报项目内容	<td colspan="3">填报单位:(盖章)</td>		
养护施工单位处理意见	承办人处理意见	桥梁养护工程师意见	养护工程部意见

附表5 伸缩装置定期检查记录表

伸缩装置所在位置（桩号）	类型	检查情况					观测时间	检查人
		伸缩量	温度	构件及螺栓	橡胶带	缝内堵塞	缝两侧平整度		

缺陷部位照片

附表6 支座定期检查记录表

支座编号			型号		
检查日期		天气		温度	
检查项目	检查情况				检查标准
螺栓					1. 检查支座螺栓是否松动、断裂，支座板是否翘动、扭曲、断裂和脱焊。 2. 检查活动支座的四氟乙烯板是否出现错位，如有错位测量其错位尺寸，判断是否影响使用功能。测量支座的位移量，支座与梁底板错位小于或等于2cm。 3. 支座各钢构件是否有污损、锈蚀。 4. 检查支座附近梁体是否有裂缝，支座垫石是否有开裂剥落的现象。 5. 清理支座周围的尘土及垃圾杂物，排除墩帽积水，清除滑动面上涂抹的润滑油。 6. 如有其他异常情况应及时上报
支座位移					
钢构件锈蚀					
垫石混凝土破损					
球形钢支座病害					
其他					
检查人					

附表7 主塔定期检查记录表

检查项目	检查情况记录	检查人	日期
航空障碍灯			
避雷装置			
混凝土表面有无混凝土剥落、裂缝			
裂缝的宽度、深度和走向			
塔内电梯油漆是否剥落,有无脱焊、裂缝等			
钢锚梁锚板、顶板、底板等构件是否有表面裂纹、局部变形			
钢牛腿表面是否有裂纹,焊缝是否开裂			
塔壁齿块锚固区是否有裂缝			
缺陷部位照片			

附表8 主梁定期检查记录表

梁段位置	
缺陷部位	
缺陷类型	
缺陷范围	
示意(图示或照片)和说明	
养护意见	

记录人		负责人		检查日期	

附表9 典型裂缝监测表

序号	位置	裂缝编号	观测时间	长度(mm)						宽度(mm)			观测人
				读数	前端延伸		后端延伸		改变值	读数	变化值		
					ΔL_1	$\Delta L_{1总}$	ΔL_2	$\Delta L_{2总}$	ΔL	$\Delta L_{总}$		ΔL_B	$\Delta B_{总}$

注:ΔL_1-本次前端相对于上次前端增长数;$\Delta L_{1总}$-本次前端相对于初次前端增长数;ΔL_2-本次后端相对于上次后端增长数;$\Delta L_{2总}$-本次后端相对于初次后端增长数;$\Delta B_{总}$-此次检查宽度 – 初次检查宽度;$\Delta L = \Delta L_1 + \Delta L_2$;$\Delta L_{总} = \Delta L_{1总} + \Delta L_{2总}$。

附表 10　上锚头定期检查记录表

斜拉索编号	检修时间	锚头部分			拉索出口部分			检查人
		后盖、压板、橡胶垫板、螺栓	锚块处病害	锚头及垫片	外置式阻尼器、楔块、挡盖	PVF胶带及螺旋线	锚固区钢锚梁或混凝土病害	

检测人员：　　　　　　　　　　　　日期：

附表 11　下锚头桥面以上部分定期检查记录表

斜拉索编号	检修日期	检修内容及状况							备注	检查人
		橡胶套管、卡箍及螺栓	PVE胶带及螺旋线	挡盖	楔块	外置式阻尼器护筒	橡胶阻力圈	索导管、挡盖除锈、积水处理		

附表 12 下锚头桥面以下部分定期检查记录表

墩号	斜拉索编号	检查日期	检修内容及状况				备注	检查人
			后盖、压板、橡胶垫板、螺栓	积水、排水情况	锚固区混凝土裂缝、缺损露筋，锚固区钢构件变形、裂缝及焊缝等	锚固区钢锚梁或混凝土病害		

附表 13　外置式阻尼器定期检查记录表

部位 墩(索)号	外观(油漆剥落、锈蚀、损伤)	索振幅过大	阻尼材料是否泄漏	螺栓松动、锈蚀	索夹处护套	检查人	日期	备注

附表 14 斜拉索定期检查记录表

部位 墩(索)号	上出口 (含减振装置)	下出口 (含防水装置)	PE护套及PVF胶带(裂纹、脱皮等)	索夹	日期	检查人	备注

附表 15　墩身定期检查记录表

墩号	检查项目	上游侧	下游侧
	混凝土表面有无剥落、裂缝等缺陷		
	缺陷情况		
	缺陷范围		
	示意(图示或照片)和说明		
	养护意见		
记录人		负责人		日期	

附表 16 墩台沉降定期检查记录表

墩台编号：

检测点编号	记录项目	检测次数和日期			
		第一次	第二次	第三次	第四次
		年 月 日	年 月 日	年 月 日	年 月 日
	高程(mm)				
	本次沉降量(mm)				
	累计沉降量(mm)				
	高程(mm)				
	本次沉降量(mm)				
	累计沉降量(mm)				
	高程(mm)				
	本次沉降量(mm)				
	累计沉降量(mm)				
	高程(mm)				
	本次沉降量(mm)				
	累计沉降量(mm)				
病害简图或照片					

检测人员：　　　　　　　　　　　　　　　　　　　日期：

附表 17 桥梁定期检查记录表

1.路线编码		2.路线名称		3.桥位桩号	
4.桥梁编码		5.桥梁名称		6.下穿通道名	
7.桥长(m)		8.主跨结构		9.最大跨径(m)	
10.管养单位		11.建成年月		12.上次大修日期	
13.上报技术状况等级		14.本次认定日期		15.气候	
16.部件号	17.部件名称	18.评分(0~5)	19.特殊检查	20.维修范围	21.维修方式	22.维修时间	23.费用(元)
1	主塔						
2	拉索						
3	锚具及护筒						
4	钢箱梁						
5	混凝土箱梁						
6	钢-混凝土结合段						
7	桥墩及基础						
8	地基冲刷						
9	桥面铺装						
10	检修道						
11	伸缩装置						
12	支座						
13	钢构件护栏、检修道栏杆						
14	照明、标志						
15	排水设施						
16	防撞设备						
17	除湿设备						
18	检修车						
19	其他						
24.总体状况评定等级		25.全桥清洁状况评分		26.保养、小修状况评分	
27.记录人		28.桥梁养护工程师		29.负责人	
30.缺损说明					

续上表

部件号	部件名称	缺损位置	缺损状况 (类型、性质、范围、程度)	照片或图片 (编号/年)
1	主塔			
2	拉索			
3	锚具及护筒			
4	钢箱梁			
5	混凝土箱梁			
6	钢-混凝土结合段			
7	桥墩及基础			
8	地基冲刷			
9	桥面铺装			
10	检修道			
11	伸缩装置			
12	支座			
13	钢构件护栏、检修道栏杆			
14	照明、标志			
15	排水设施			
16	防撞设备			
17	除湿设备			
18	检修车			
19	其他			

附表18 桥墩(台)水平位移和倾斜度定期检查表

墩台编号：

检测点编号	记 录 项 目	检测次数和日期			
		第一次		第二次	
		年 月 日		年 月 日	
	高程(mm)				
	后视角 α(°)				
	原始读数(mm)				
	本次读数(mm)				
	本次水平位移(mm)				
	累计水平位移(mm)				
	高程(mm)				
	后视角 α(°)				
	原始读数(mm)				
	本次读数(mm)				
	本次水平位移(mm)				
	累计水平位移(mm)				
病害简图或照片					

检测人员：　　　　　　　　　　　日期：

附表 19　护岸工程定期检查记录表

检查位置	
缺陷部位	
缺陷类型	
缺陷范围	
示意(图示或照片)和说明	
养护意见	

记录人		负责人		检查日期	

附表20 水位观测记录表

观测日期	天气情况	水位(m)	观测位置	桥墩是否受冲刷	备注

记录人：　　　　　　　　　　负责人：

附表 21　各汽车代表车型和车辆折减系数

汽车代表车型	车型分类代号	车辆折算系数	说　　明
小客车	A	1.5	≤19 座客车,以及载质量≤2t 的货车
中型车	B	2.0	>19 座客车,以及 2t<载质量≤7t 的货车
大型车	C	2.5	7t<载质量≤14t 的货车
拖挂车	D	3.0	载质量>14t 的货车

附表 22　石首长江公路大桥过桥车辆原始记录表

时序	车辆种类													合计
	小型客车(≤19 座的客车)		小型载货汽车(载质量≤2t 的货车)		中型客车(>19 座的客车)		中型载货汽车(2t<载质量≤7t 的货车)		大型车(7t<载质量≤14t 的货车)		拖挂车(载质量>14t 的货车)		
	交通量												
幅别	左	右	左	右	左	右	左	右	左	右	左	右	
0~1													
1~2													
2~3													
3~4													
4~5													
5~6													
6~7													
7~8													
8~9													
9~10													
10~11													
11~12													
12~13													
13~14													
14~15													

参 考 文 献

[1] 交通运输部.公路工程技术标准:JTG B01—2014[S].北京:人民交通出版社股份有限公司,2014.
[2] 交通运输部.公路养护技术规范:JTG H10—2009[S].北京:人民交通出版社,2009.
[3] 交通运输部.公路桥涵养护规范:JTG 5120—2021[S].北京:人民交通出版社股份有限公司,2021.
[4] 交通运输部.公路技术状况评定标准:JTG 5210—2018[S].北京:人民交通出版社股份有限公司,2019.
[5] 交通运输部.公路桥梁技术状况评定标准:JTG/T H21—2011[S].北京:人民交通出版社,2011.
[6] 交通运输部.公路桥梁加固施工技术规范:JTG/T J23—2008[S].北京:人民交通出版社,2008.
[7] 交通运输部.公路养护安全作业规程:JTG H30—2015[S].北京:人民交通出版社股份有限公司,2015.